A.B.C. DE LA T.S.F.
Collection de Monographies à la portée de tout le monde

Publication dirigée par
M. G. LARDRY

LES POSTES A GALÈNE

APERÇU DES PRINCIPAUX MONTAGES
Construction des Appareils classiques
Appareils à grand rendement
Poste à étalonnage constant
Amplificateur simple pour Postes à galène
Antennes et Terre

N° 2

E. CHIRON
Éditeur
40, Rue de Seine
PARIS

4 fr. 50

LES POSTES A GALÈNE

Nous allons d'abord entreprendre la description des principaux montages à galène, nous étudierons ensuite la construction de bons postes et nous énumérerons les résultats que l'on pourra obtenir avec eux. Nous verrons enfin comment on peut, en partant d'un appareil à galène bien établi, obtenir des réceptions plus fortes, grâce à l'emploi judicieux de lampes à trois électrodes, tout en conservant la détection par galène.

Le choix d'un montage

Ce qui guidera l'amateur dans le choix d'un montage à galène, ce sera à la fois ses possibilités... budgétaires et l'expérience qu'il possédera déjà du maniement des appareils de T.S.F. Il pourra d'ailleurs commencer par un montage très simple qu'il améliorera ensuite progressivement, à mesure que son expérience croîtra et qu'il pourra ajouter à son poste des organes nouveaux pour le perfectionner.

Tous ces organes resteront d'ailleurs utilisables au cas où il voudrait ultérieurement ajouter des lampes à son poste, ou même se servir exclusivement de celles-ci.

Le microbe de la T. S. F. vous a saisi, mais votre expérience est nulle et votre porte-monnaie n'est pas très garni ? Essayez le simple montage en direct. Si les circonstances sont favorables, il pourra déjà vous donner un avant-goût des joies de la réception.

Avec lui, aucun réglage n'est à faire, ce qui s'accommode très bien de votre peu d'expérience. Et combien simple est sa constitution ! Un détecteur, que vous pourrez réaliser vous-même pour quelques sous, si vous êtes un peu bricoleur, un morceau de galène et un écouteur téléphonique : c'est tout ! Avec cela vous avez des chances d'entendre quelque chose, si vous êtes près d'un poste émetteur ou ce dernier cas, vous entendrez même si vous avez une grande antenne. Dans peut-être trop de choses à la fois ! Mais n'est-ce pas la joie du débutant que d'entendre tant de choses merveilleuses en même temps : télégraphie, téléphonie, parasites atmosphériques et autres ? C'est cela qui lui prouve que « ça marche » et qui l'engage à améliorer et à perfectionner son poste de réception.

Vous n'avez rien entendu avec le montage direct ? Votre antenne est trop petite et vous êtes loin d'une station d'émission. Mais pendant les essais infructueux auxquels vous vous êtes livré, vous avez fait des économies... Achetez ou construisez vous-même (ce n'est pas bien difficile !) une bobine à curseur, et, cette fois, avec le montage en dérivation sur l'inductance d'accord, *vous devez réussir*, pourvu encore que vous ne vous trouviez pas à une trop grande distance d'une station d'émission et que votre antenne soit suffisante. Mais, avec la bobine d'accord, la distance peut être beaucoup plus grande et l'antenne beaucoup moins développée qu'avec le simple montage en direct.

Ce montage pourra rester votre montage définitif, soit sous sa forme simple utilisant seulement une bobine à curseur, soit sous celle, plus à la mode aujourd'hui, de la combinaison de bobines interchangeables et d'un condensateur variable.

Mais si votre enthousiasme du début pour les réceptions simultanées de plusieurs émissions est tombé, et si vous entendez à la fois Daventry et Radio-Paris, vous pourrez avoir recours au montage en Tesla pour les séparer. C'est aussi ce montage qui vous donnera la réception la plus forte (à condition de bien vous en servir !) si la grande distance à laquelle vous vous trouvez des stations d'émission vous a amené à construire une antenne de grandes dimensions.

I. *Montage en direct*

C'est le montage le plus simple et le plus élémentaire — le moins cher aussi — mais le moins parfait.

Il permet cependant, surtout pour la télégraphie (réception des signaux horaires, par exemple) d'obtenir des résultats suffisants, surtout avec une grande antenne ou à proximité d'une station d'émission.

II. *Montage en dérivation sur l'inductance d'accord*

Très simple et de beaucoup supérieur au précédent, c'est un excellent

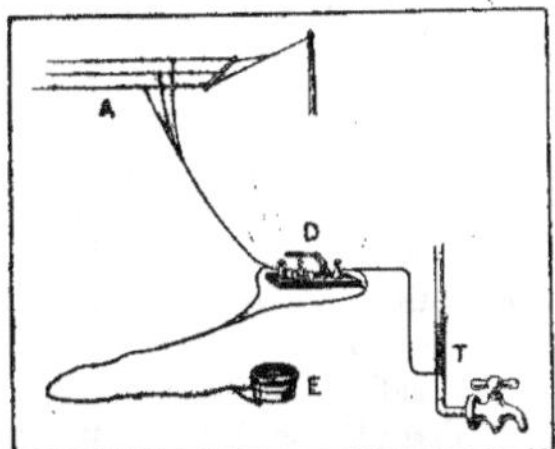

FIG. 1. — Montage en direct. Ce montage, bien que de réalisation très facile, permet, dans des conditions favorables, d'obtenir d'assez bons résultats.

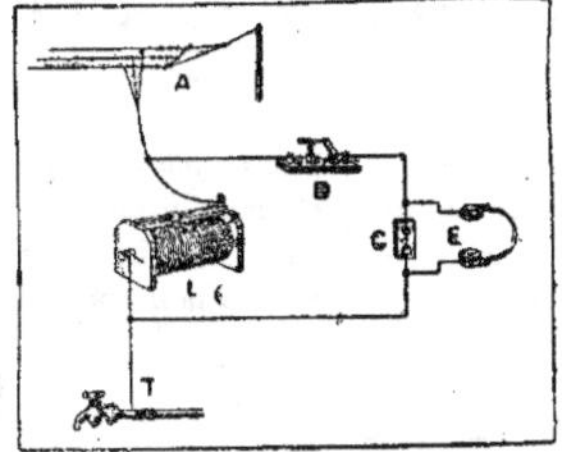

FIG. 2. — Montage en dérivation sur l'inductance d'accord. C'est le meilleur des montages simples à conseiller au débutant.

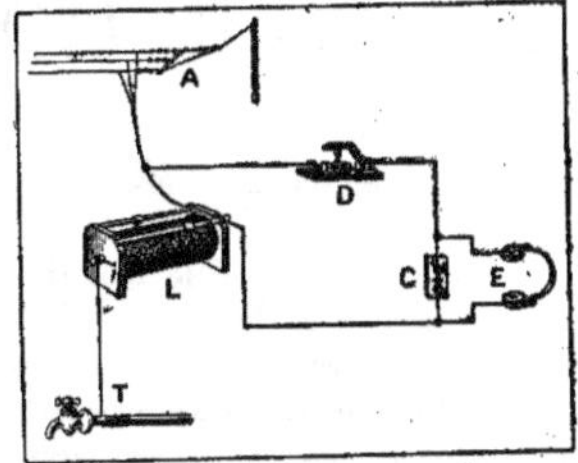

FIG. 3. — Montage en Oudin. Assez analogue à celui de la figure 2, il nécessite une bobine à deux curseurs sans donner de résultats plus satisfaisants.

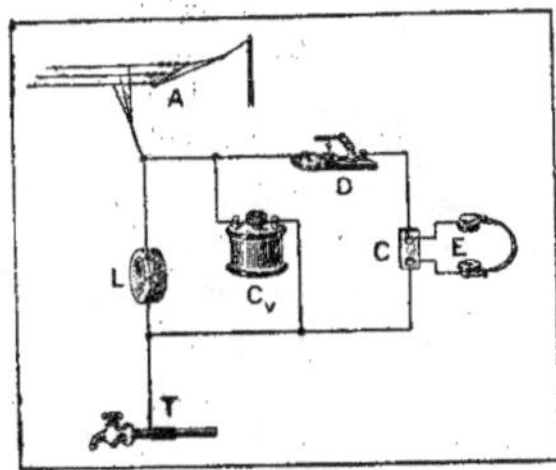

FIG. 4. — Réalisation du montage en dérivation sur la self d'accord avec bobine sans curseur et condensateur variable. En plaçant ainsi le condensateur variable, on obtient la réception des grandes longueurs d'onde.

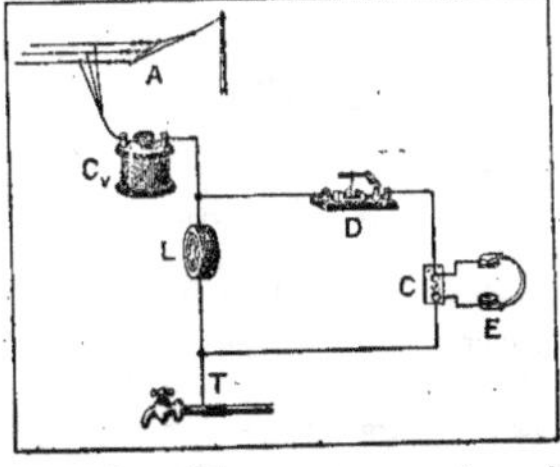

FIG. 5. — Même montage que figure 4, mais disposé pour la réception des petites longueurs d'onde.

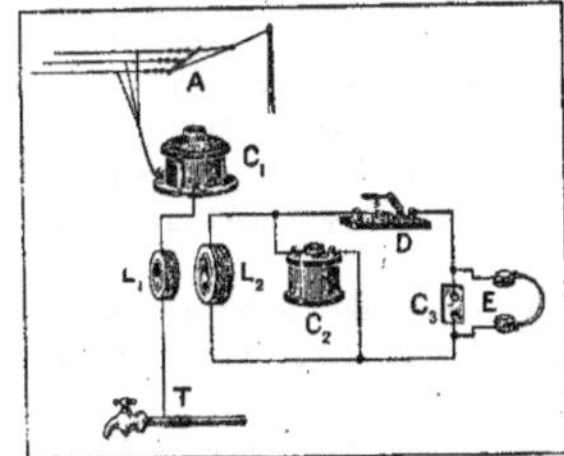

FIG. 6. — Montage en Tesla. C'est le montage le plus parfait, mais il est d'un maniement plus délicat que les précédents. Il est d'une meilleure sélectivité et permet une meilleure réception sur grande antenne.

montage de début, dont on pourra ensuite, au besoin, utiliser les éléments pour réaliser des montages plus parfaits, si l'on en éprouve le besoin.

III. *Montage en Oudin*

Analogue au précédent, mais utilisant une bobine d'accord à deux curseurs. Sous cette forme simple, ce montage est le poste « classique » à bobine.

IV. *Montages à inductance fixe et à capacité variable*

Les montages précédents comportent, pour le réglage sur les diverses longueurs d'onde, une bobine à un ou deux curseurs. Ce genre de bobine présente certains inconvénients que l'on peut éviter par l'emploi de bobines interchangeables sans curseur (dites bobines en nid d'abeilles, en fond de panier, etc.) et d'un condensateur à capacité variable. Dans le montage en dérivation sur l'inductance d'accord déjà mentionné ce condensateur sera placé comme l'indiquent les figures 4 et 5, selon que l'on désirera recevoir de grandes ou de petites longueurs d'onde.

V. *Montage en Tesla*

C'est le montage le plus parfait. Son principal avantage est de permettre d'éliminer les émission gênantes beaucoup plus facilement et complètement qu'avec les montages précédents. Il permet, de plus, une meilleure réception sur grande antenne. Mais pour s'en servir convenablement, il faut posséder déjà une certaine expérience de la réception et comprendre quel est l'effet des diverses manœuvres de réglage, faute de quoi les résultats obtenus ne seront pas supérieurs à ceux donnés par des montages plus simples, ou même leur seront nettement inférieurs. Malgré les qualités du montage en Tesla, nous ne le conseillons donc pas aux débutants; nous engageons, par contre, très vivement les amateurs plus expérimentés à se familiariser avec ce montage, qui leur donnera les meilleurs résultats comme souplesse, comme *sélectivité* et comme qualité de réception.

CONSTRUCTION DES APPAREILS CLASSIQUES

LE MONTAGE EN DIRECT

Le montage à galène le plus simple, dit montage en direct (fig. 6 *bis*), ne comporte l'emploi que d'un détecteur et d'un ou deux écouteurs téléphoniques. Aucune pile, aucun accumulateur, aucune bobine, aucun condensateur : c'est le comble de la simplicité ! Et cependant, dans des circonstances favorables, ce poste de réception ultra-simple peut donner des résultats très satisfaisants. Par circonstances favorables il faut entendre : antenne de dimensions suffisantes et proximité *relative* d'une station d'émission.

L'amateur dont le budget est mince fera bien d'essayer d'abord ce montage. Si les résultats qu'il en obtient ne le satisfont pas, rien ne sera perdu : antenne, terre, détecteur et écouteur téléphonique seront tout prêts à servir pour un montage plus parfait comportant une bobine d'accord.

Les deux seuls appareils nécessaires, détecteur et écouteur téléphonique, se trouvent dans le commerce à des prix raisonnables. On pourra donc se les y procurer, tout simplement, et essayer aussitôt leur montage.

Le détecteur : la Galène

Le détecteur est un appareil aussi simple que mystérieux : une pointe métallique laquelle repose sur un petit caillou métallique et c'est tout. Le petit caillou, sxtrait de la terre, comme tous ses pareils, est un minerai de plomb, de sulfure de plomb, pour préciser, que l'on désigne couramment sous le nom de « galène ». Mais, à l'instar des fagots, il y a galène et galène ; il y en a de la bonne et de la mauvaise, et le malheur est que la mauvaise ressemble comme une sœur à la bonne ! Des

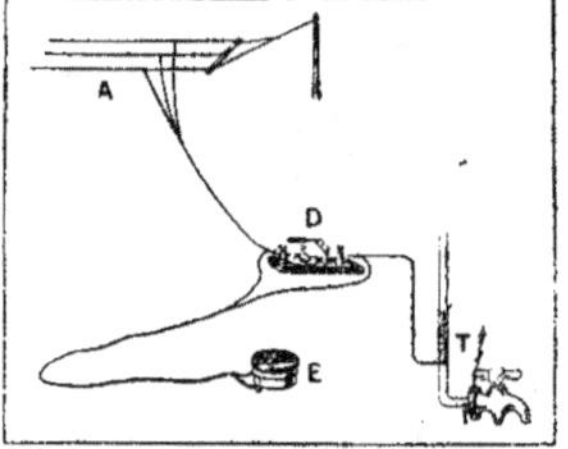

Fig. 6 bis. — Montage en direct.

malins vous diront : « Prenez de la galène à cristallisation fine » ; d'autres vous conseilleront les gros cristaux cubiques à larges faces planes. N'écoutez ni les uns ni les autres. Il y a de la bonne et de la mauvaise galène à fins cristaux ; il y en a de la mauvaise et de la bonne à gros cristaux.

Pourquoi est-elle bonne ? Pourquoi est-elle mauvaise ? Personne n'en sait rien, car on ignore encore pourquoi la galène « détecte ». C'est, dit-on, parce qu'entre la galène et la pointe métallique, le courant électrique passe plus facilement dans un sens que dans l'autre. Mais cette « conductibilité unilatérale » constitue justement le phénomène de la détection, et l'explication donnée revient proprement à dire que la galène détecte... parce qu'elle a la vertu détectrice.

Le seul moyen de savoir si une galène est bonne ou mauvaise, *c'est de l'essayer*, et les amateurs des temps héroïques devaient ainsi essayer kilogs sur kilogs du précieux minerai, avant d'en trouver parfois un bon morceau, gros comme une noisette. Il est vrai qu'en ces temps, la galène brute et non sélectionnée ne coûtait qu'un franc le kilog.

Aujourd'hui, ce travail de sélection n'est plus fait par l'amateur luimême. Plusieurs maisons de commerce s'y sont spécialisées, et tous les marchands d'appareils de T. S. F. peuvent vous fournir, pour quelques francs, un morceau d'excellente galène.

Contrairement à la galène, la pointe métallique qui servira à chercher sur elle les points sensibles (car une galène, même excellente, détecte mieux en certains points qu'en d'autres) pourra être à peu près quelconque. On en a fait en or, en argent, en platine, mais les métaux les plus communs donnent d'aussi bons résultats que ces métaux précieux.

Cette « pointe » sera-t-elle... pointue ? On recommande fréquemment de la réaliser en coupant en biseau un fil métallique de façon qu'il ne touche qu'un seul (?) point de la galène. Mais d'ingénieux inventeurs ont réalisé des chercheurs à plusieurs pointes destinés justement à toucher plusieurs points de galène à la fois, et d'autres ont breveté des chercheurs terminés par une petite boule. En réalité, la surface de la galène étant irrégulière, la forme de la pointe métallique qui doit la toucher n'a pas beaucoup plus d'importance que la nature du métal qui la constitue.

Le chercheur devra présenter une certaine élasticité, le contact du métal avec la galène devant être assez léger, pour obtenir une bonne détection. C'est en vue de cette élasticité que la plupart des détecteurs du commerce ont un chercheur constitué par un fil métallique enroulé sur lui-même en forme de spirale, d'hélice ou de tire-bouchon.

La surface de la galène, avons-nous dit, n'est pas également sensible en tous ses points. Le réglage du détecteur consistera donc à chercher un point donnant le meilleur fonctionnement possible. Mais, ce point trouvé, il pourra malheureusement arriver qu'un choc donné à la table portant les appareils déplace insensiblement le chercheur sur la galène et fasse perdre le bénéfice du minutieux réglage précédemment réalisé.

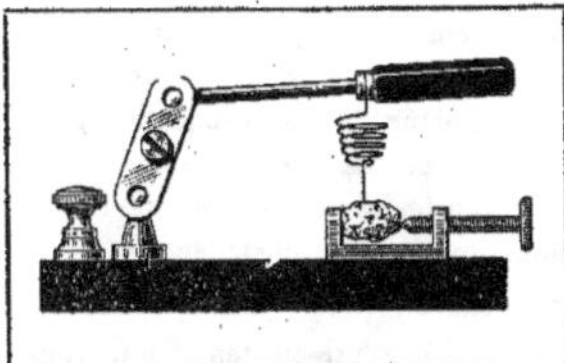

Fig. 7. — Détecteur à galène du commerce. Le morceau de galène est tenu dans une sorte d'étau métallique. Le chercheur est monté sur une tige articulée à rotules.

De très nombreux inventeurs ont imaginé des dispositifs plus ou moins compliqués pour assurer la fixité plus ou moins permanente de la pointe sur la galène. C'est chercher dans une mauvaise voie, car, outre que la plupart des dispositifs réalisés se sont montrés inefficaces dans la pratique, les « points sensibles » ne sont pas éternels, ils « s'usent » lentement ou brusquement (sous l'influence d'une forte décharge atmosphérique, par exemple) et doivent être remplacés par d'autres de temps en temps.

Plutôt que de chercher dans des dispositifs mécaniques compliqués, la permanence du réglage, il faudra donc beaucoup mieux *éviter les causes de déréglage*, par exemple en plaçant le détecteur sur une petite console fixée au mur. Par ce moyen très simple nous avons vu un amateur se servir pendant plus de six mois du *même point* de sa galène.

Mais le meilleur moyen de stabilité sera encore d'avoir une *très bonne* galène, dont presque tous les points présentent une grande sensibilité. « Un de perdu, dix de retrouvés », telle pourra être sa devise. Qu'une violente décharge atmosphérique détruise la sensibilité d'un point au cours d'une réception, un léger coup de poing sur la table, loin d'avoir un effet funeste et de supprimer ce qui restait de réception, fera sauter le chercheur du mauvais point sur un très bon.

De la très bonne galène, voilà la véritable solution du problème de la permanence des détecteurs à cristaux !

On trouve dans le commerce un très grand choix de détecteurs à galène, dont quelques-uns sont très ingénieusement constitués. Beaucoup sont du type représenté par la figure 7 et donnent toute satisfaction. Mais la construction d'un détecteur est chose facile et beaucoup d'amateurs pourront établir et perfectionner eux-mêmes cette pièce capitale de leur poste de réception.

Construction simple d'un détecteur à galène

En voici un modèle extrêmement simple et rustique, d'un prix de revient presque nul, d'un maniement aussi facile que tous les détecteurs du commerce et qui donne des résultats aussi bons que le meilleur d'entre eux.

A l'une des extrémités d'un socle rectangulaire en bois bien sec et assez lourd (fig. 8), clouer une feuille métalique d'environ 4 cm. × 4 cm., sur l'un des côtés de laquelle on aura ménagé un prolongement percé d'un trou pour la fixation d'une borne. Cette feuille pourra être un simple morceau de fer-blanc découpé dans une vieille boîte à conserves.

A l'autre extrémité du socle, fixer sous la tête d'une vis à bois un fil métallique, dont une extrémité sera serrée sous une seconde borne et dont l'autre, laissée de longueur convenable et recourbée en anse à concavité inférieure, comme le montre la figure, constituera le chercheur. Ce fil pourra être simplement du fil de cuivre de 1/10 de millimètre, de préférence non recuit c'est-à-dire raide et faisant ressort. Un fil d'acier extrait d'un câble de commande de frein Bowden conviendra aussi parfaitement.

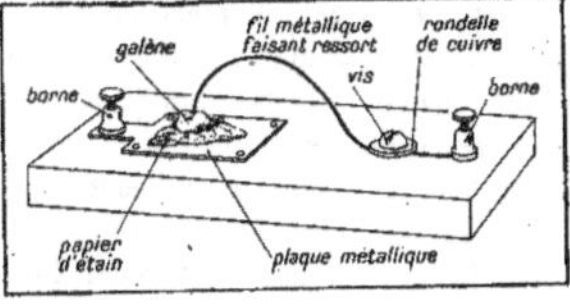

Fig. 8. — Un modèle simple et très commode de détecteur à galène dont nous recommandons vivement la construction à nos lecteurs.

La galène sera placée sur la plaque métallique, avec interposition d'un petit matelas de feuilles de papier d'étain froissées, pour assurer un bon contact.

La recherche des points sensibles se fera en soulevant le chercheur, de l'index de la main droit et en le laissant redescendre sur la galène, que l'on déplacera de la main gauche.

On se rend compte que cette recherche sera très simple, très rapide et qu'elle permettra d'explorer commodément toute la surface de n'importe quel morceau de galène.

L'écouteur téléphonique

Un écouteur téléphonique quelconque pourrait à la rigueur, suffire, si l'on n'est que peu éloigné d'une station d'émission, mais, en général, il ne donnera qu'une audition assez faible et nous ne saurions trop conseiller à l'amateur d'acheter, dès le début, un *bon*, un *très bon*, un *excellent* écouteur *spécial* pour T. S. F. Il ne le regrettera pas, car de la qualité de son écouteur dépendra la qualité de son poste de réception et quels que soient les appareils qu'il doive construire ultérieurement son écouteur lui servira toujours.

Donc, nous ne craignons pas de le répéter, achetez dès le début *le meilleur* écouteur téléphonique possible. Au lieu d'acheter détecteur et écouteur dans le commerce, n'hésitez pas à construire vous-même votre détecteur (il fonctionnera tout aussi bien que celui du commerce) et à consacrer à l'achat de votre écouteur la totalité de la somme disponible.

Le marchand vous proposera des écouteurs de différentes résistances : 500 ohms, 2.000 ohms, 4.000 ohms, dont les prix varieront d'ailleurs à proportion de la résistance. Il vous dira que 500 ohms conviennent très bien pour un poste à galène. Cela est peut-être vrai, et certains amateurs ont même cru remarquer que l'écouteur de 500 ohms était celui qui donnait le meilleur résultat avec la galène. Nous ne l'avons, pour notre part, jamais constaté, mais ce que nous savons bien, c'est que l'écouteur de 2.000 ohms donne d'excellents résultats avec la galène *et aussi avec les lampes*, tandis qu'avec ces dernières l'écouteur de 500 ohms est nettement inférieur.

Si donc vous achetez maintenant un écouteur de 500 ohms et que vous vouliez plus tard vous servir de lampe, il vous faudra acheter un nouvel écouteur pour les lampes. Si, au contraire, vous vous décidez dès maintenant à acheter un écouteur de 2.000 ohms, il vous donnera d'excellents résultats avec la galène, et, plus tard, de non moins excellents résultats avec les lampes.

N'hésitez donc pas : construisez vous-mêmes votre détecteur et achetez un excellent écouteur de 2.000 ohms, spécial pour T. S. F.

Montage du poste

Vous avez écouté notre conseil : le détecteur est construit; l'écouteur de 2.000 ohms est acheté. Le montage du poste n'est plus qu'un jeu (fig. 1). D'après les conseils, vous avez établi une très bonne antenne, aussi haute et aussi longue que possible (avec le montage en direct elle ne peut être trop longue) : vous avez également établi une non moins excellente prise de terre. Amenez le fil d'antenne à l'une ds bornes du détecteur (peu importe à laquelle, bien que beaucoup d'amateurs se croient obligés de relier l'antenne à la borne du chercheur). Amenez pareillement le fil de terre à l'autre borne; puis branchez à ces même bornes les deux fils dont est constitué le cordon de votre écouteur téléphonique, comme le montre la figure 1. Ici aussi, peu importe que les fils venant de la borne marquée + ou — sur le boîtier de l'écouteur téléphonique aillent à la borne du détecteur déjà reliée à l'antenne ou à la terre. Ces indications de polarité de l'écouteur ne servent que lorsqu'on l'emploie avec des lampes.

Le poste étant ainsi monté, il ne reste plus qu'à l'essayer.

Essai du poste

Ce sont certainement les concerts transmis par radio-téléphonie que vous désirez écouter. C'est néanmoins d'abord sur une émission radio-télégraphique que vous devrez essayer votre poste, parce que les émissions télégraphiques sont beaucoup plus puissantes que les émissions téléphoniques et qu'il est ainsi beaucoup plus facile de les entendre.

A l'heure des signaux horaires de la Tour Eiffel (entre 10 h. 38 et 10 h. 49 du matin ou du soir) portez donc à l'oreille votre écouteur téléphonique et appliquez successivement le chercheur sur différents points de la galène.

Vous constaterz ici l'utilité d'adjoindre à votre écouteur un dispositif le maintenant à l'oreille sans l'aide d'une main : soit le double ressort, appelé serre-tête, vendu spécialement à cet effet, soit un anneau de ruban caoutchouté entourant la tête et fixant l'écouteur à l'oreille. Bien que la flexibilité latérale du chercheur que nous avons décrit permette d'essayer d'une seule main de nombreux points de la galène, il est néanmoins plus commode de déplacer la galène de la main gauche, tandis qu'on agit de la main droite sur le chercheur.

Résultats

Si, après plusieurs tentatives, vous n'entendez pas les signaux horaires de la Tour Eiffel, il est complètement inutile d'essayer d'entendre la téléphonie : vous ne l'entendrez certainement pas non plus. Si vous entendez les signaux horaires, il n'est pas pour cela certain que vous entendiez la téléphonie, qui est plus faible. Essayez-le, le soir, à l'heure des concerts. Si vous n'entendez rien, pas même une des stations régionales (au cas où l'une d'elles serait assez rapprochée de vous et... fonctionnerait), c'est que vous êtes trop loin, que votre antenne est trop petite et que votre poste doit être complété par une bobine d'accord.

Si, au contraire, vous entendez plusieurs concerts à la fois, et même, par-dessus le marché, quelques émissions télégraphiques, c'est encore la bobine d'accord qui vous permettra de n'entendre, à volonté, que le concert de votre choix.

Vous trouverez dans les pages suivantes tous les conseils utiles pour sa construction et son utilisation.

Le montage en dérivation sur l'inductance d'accord

Le montage ultra-simple que nous avons décrit précédemment peut, dans des conditions favorables, permettre d'entendre la radiotéléphonie de stations assez rapprochées, mais ce dispositif élémentaire se montrera souvent insuffisant et l'amateur devra presque toujours y ajouter une bobine d'accord. Il pourra ainsi se constituer un poste de réception qui lui donnera satisfaction à peu près dans tous les cas où la réception par galène peut être pratiquée.

Pour ceux qui ont commencé par le montage direct, l'adjonction d'une bobine d'accord à leur montage sera un *énorme* perfectionnement, tant au point de vue de l'intensité de la réception que de l'élimination des émissions importunes.

Ceux qui ont assez bien entendu vont entendre beaucoup mieux; ceux qui n'ont perçu qu'à peine la téléphonie vont la recevoir confortablement, et un grand nombre de ceux qui n'ont rien entendu du tout vont entendre comme ils n'auraient jamais osé l'espérer d'après leurs premiers et assez piteux résultats.

Cette bobine, les impatients et les nouveaux riches pourront l'acheter toute faite dans le commerce (45 fr. environ), mais le véritable amateur voudra la construire lui-même. Il trouvera chez les marchands de pièces détachées tous les éléments nécessaires à cette construction.

Préparation de la carcasse de la bobine

Acheter un tube de carton bien sec de 25 centimètres de longueur et 11 centimètres de diamètre, boucher ses extrémités par deux rondelles en bois sec, que, à défaut de tour, l'on a découpées à la scie et arrondies à la râpe.

Ces rondelles ont 3 centimètres environ d'épaisseur et doivent entrer à frottement dur dans le tube.

Les retirer du tube et les coller au moyen de colle de menuisier au milieu de planchettes carrées (en chêne ou en noyer) de 15 cm. 5 de côté et 1 cm. 5 d'épaisseur (fig. 9).

Laisser sécher trois heures; enduire alors les rondelles de colle et les enfoncer dans le tube de carton. Les planchettes seules dépassent et forment les joues de la bobine (fig. 10).

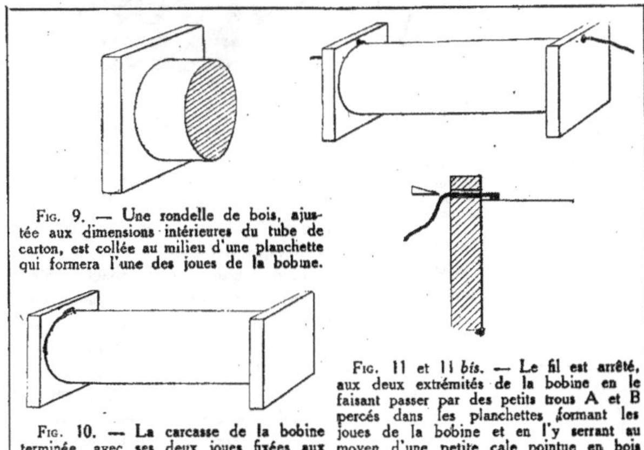

Fig. 9. — Une rondelle de bois, ajustée aux dimensions intérieures du tube de carton, est collée au milieu d'une planchette qui formera l'une des joues de la bobine.

Fig. 10. — La carcasse de la bobine terminée, avec ses deux joues fixées aux extrémités du tube de carton.

Fig. 11 et 11 *bis*. — Le fil est arrêté, aux deux extrémités de la bobine en le faisant passer par des petits trous A et B percés dans les planchettes formant les joues de la bobine et en l'y serrant au moyen d'une petite cale pointue en bois sec.

Bobinage

Acheter 500 grammes de fil de cuivre émaillé de 6/10 de millimètre et revêtir le tube d'une couche de ce fil.

Ces bobines, qui ressemblent à d'imposantes bobines de Ruhmkorff et qu'on pourrait supposer contenir des kilomètres de fil, ne sont, en effet, constituées que par une seule couche d'enroulement effectué sur un tube isolant.

Les bobines vendues dans le commerce sont enroulées sur un tour, qui permet de faire rapidement un travail très régulier. L'amateur les enroulera patiemment à la main, en tendant bien le fil et en disposant soigneusement les spires les unes contre le sautres.

Avant de commencer l'enroulement, pratiquer à la partie supérieure des planchettes deux petits trous au ras du tube de carton (fig. 11).

Engager par l'intérieur, le fil dans le premier trou en le laissant dépasser à l'extérieur de 50 centimètres environ. Le fixer en le calant avec un petit bout de bois sec taillé en pointe et enfoncé au marteau (fig. 11 *bis*). Commencer le bobinage.

Lorsque le tube de carton est complètement recouvert, couper le fil à une distance d'environ 50 centimètres de la fin du dernier tour. Le faire passer par le deuxième trou afin de le tenir tendu pendant qu'on le calera ainsi qu'il a été dit pour l'extrémité A.

Pose du curseur

Acheter :

Une tige carrée de laiton de 28 centimètres de longueur et de 8 millimètres ou 7 millimètres de côté;

Un curseur pour tige de 8 millimètres ou de 7 millimètres de côté (fig. 12).

Couper la tige au ras des faces extérieures de la bobine. Engager sur elle le curseur en s'assurant qu'il glisse bien ; dans le cas contraire, frotter la tige à la toile émeri jusqu'à satisfaction complète.

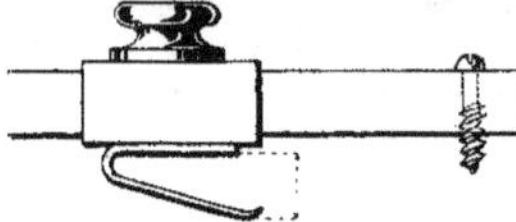

Fig. 12. — Le curseur sur sa règle, avec l'une des vis qui serviront à fixer celle-ci aux joues de la bobine. Pour assurer un bon contact du ressort du curseur avec les spires de la bobine, la règle devra être placée assez près de l'enroulement pour que le ressort fléchisse et que sa hauteur, indiquée ici par une flèche, se trouve un peu inférieure.

Faire ensuite sauter à la scie les angles supérieurs de chaque planchette (fig. 13).

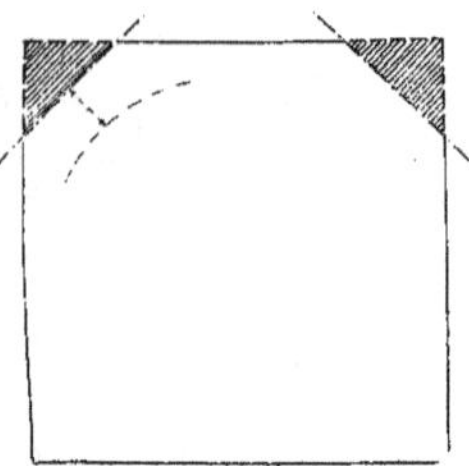

Fig. 13. — Les angles supérieurs des joues de la bobine sont abattus à la scie. La distance entre la facette de gauche et l'enroulement doit être un peu inférieure à la hauteur du ressort du curseur (fig. 12).

On formera ainsi quatre facettes symétriques, dont deux, d'un même côté de la bobine, serviront à fixer la tige portant le curseur.

Il est absolument nécessaire que la distance des facettes à la surface bobinée soit légèrement inférieure à la hauteur du curseur.

Percer les extrémité de la tige et les visser sur les deux facettes correspondantes au moyen de vis à bois.

Faire manœuvrer le curseur le long de la bobine et mettre, au moyen de toile émeri, le fil à nu partout où la lame du curseur doit frotter sur le fil.

Si l'on désire effectuer un dénudage particulièrement propre et soi-

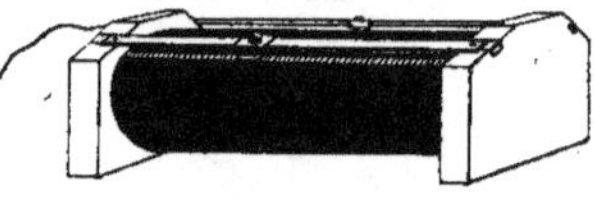

Fig. 14. — La bobine terminée

gné, semblable à celui des bobines du commerce, on tracera ses limites sur l'émail du fil, au moyen d'une pointe quelconque déplacée le long de la règle du curseur et de chaque côté de cette règle, exactement comme on tracerait au moyen d'une règle et d'un crayon deux lignes droites parallèles sur une feuille de papier. Entre ces limites on grattera soigneusement l'émail avec une pointe de couteau. Il sera plus commode, pour effectuer cette opération, d'enlever la règle et n'y engager le curseur qu'au moment de sa mise en place définitive.

La bobine terminée a l'aspect de la figure 14.

Schéma du montage

La fig. 15 montre schématiquement la disposition des organes. Nous y reconnaissons outre l'antenne A, et la terre T, le détecteur D et l'écouteur téléphonique E qui nous ont servi pour nos essais de montage direct. On a représenté ici, au lieu d'un écouteur simple, un casque à deux écouteurs avec serre-tête à la fois plus commode et donnant une meilleure réception que

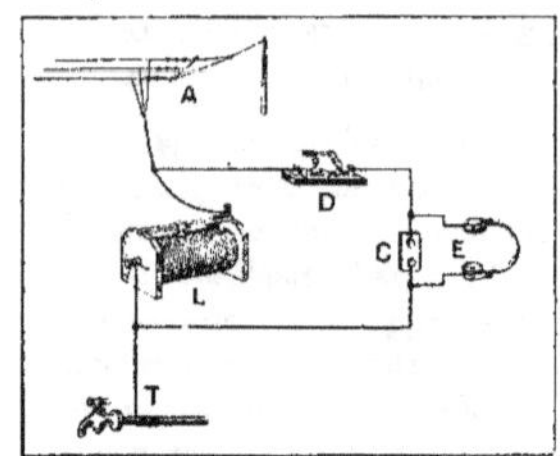

Fig. 15. — Disposition schématique des connexions dans le montage en dérivation sur l'inductance d'accord. C'est une variante de cette disposition qui est indiquée dans cet article (fig. 17).

l'écouteur unique. La bobine L que nous avons construite, forme maintenant un des éléments principaux du montage. Nous voyons enfin un nouvel organe C, auquel aboutissent les fils du casque téléphonique : c'est un condensateur.

Hâtons-nous de dire qu'il est, neuf fois sur dix, à peu près complètement inutile. Parfois il améliore un peu certaines réceptions ; le plus souvent il

Fig. 16. — Un des modèles les plus courants de condensateurs fixes du commerce.

n'a pas d'effet bien sensible, mais, comme il n'est jamais nuisible et comme il est assez souvent commode d'attacher à ses bornes les connexions du casque, on le place habituellement à l'endroit où il est figuré. Il n'est pas difficile de construire un tel condensateur, puisqu'il consiste essentiellement en feuilles de métal (papier d'étain), séparées par des feuilles isolantes (mica ou papier paraffiné), mais on en trouve à si bon marché dans le commerce (depuis 3 francs) qu'il est vraiment inutile de se donner la peine de le construire. La figure 16 représente un des modèles les plus courants.

La valeur de la capacité habituellement employée varie de 2 à 4 millièmes de microfarad. Cette valeur n'a rien de rigoureux, puisqu'elle peut être réduite à zéro, si l'on n'emploie pas de condensateur ; il ne faudrait pas cependant l'exagérer outre mesure, sous peine de rendre la réception « cotonneuse » et étouffée.

Montage de l'appareil

Sur une planche rectangulaire (noyer ou chêne) de 30 centimètres sur 35 et de 15 millimètres d'épaisseur, on visse la bobine, le détecteur, le condensateur et quatre bornes aux emplacements indiqués par la figure 17. Le montage se fait comme l'indique la figure.

Le fil sortant de l'extrémité première de la bobine est relié à la borne « Antenne », puis à l'une des bornes « Téléphone ».

Le fil sortant de l'extrémité deuxième de la bobine est relié directement à l'une des bornes du détecteur D.

Un fil serré sous la vis fixant l'extrémité B de la règle du curseur est relié à la borne « Terre ».

La borne « Téléphone » restée libre est reliée à celle du détecteur restée libre également.

Enfin, si l'on emploie un condensateur fixe C, il est monté directement aux bornes « Téléphone » (1).

Les connexions seront avantageusement établies à la face inférieure de la planche servant de socle à l'appareil en la perçant de petits trous aux endroits convenables pour ramener les fils aux organes de la face supérieure. De petits pieds surélevant le socle à ses quatre angles éviteront la détérioration des connexions de la face inférieure

On peut intervertir les deux bornes du détecteur. Le résultat sera en général identique. S'il y a une différence,

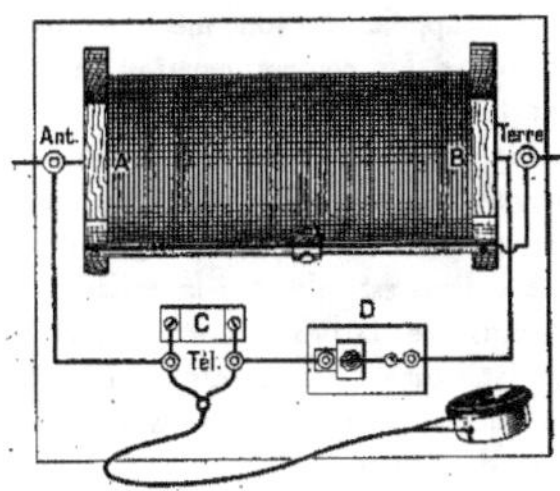

Fig. 17. — Assemblage des organes du poste sur une planche rectangulaire qui en forme le socle.

l'expérience montrera quel est le montage meilleur.

Ne pas oublier de décaper avec de la toile émeri ou un vieux couteau les extrémités de fils qui doivent être serrées sous les bornes.

Réglage de l'appareil

Un premier réglage très facile doit se faire sur les émissions télégraphiques de la Tour Eiffel, beaucoup plus puissantes que les émissions téléphoniques.

Ce réglage se fera le matin ou le soir, au moment de l'émission des signaux horaires.

Il sera un peu moins simple que celui du montage en direct, pour lequel il suffisait de chercher un point sensible sur la galène du détecteur. Il y a en effet ici *deux* conditions à réaliser *à la fois* pour que la réception soit possible : il faut trouver un point sensible sur la galène ; il faut trouver le point convenable de la bobine où doit être placé le curseur pour entendre l'émission désirée.

La première fois qu'on effectue le réglage, ces deux points sont inconnus. Si le curseur de la bobine n'est pas au point où il devrait être, aucun point de la galène, si excellent soit-il, ne donnera de réception. Et inversement, si un point sensible n'a pas été trouvé sur le cristal, on n'entendra rien dans l'écouteur, même quand le curseur sera placé au bon endroit.

Il existe dans le commerce et l'on peut construire soi-même, avec une sonnerie électrique, un petit appareil nommé « radiateur d'essai », qui procure à volonté à l'opérateur une émission locale assez forte et assez « syntonisée » pour pouvoir être entendue avec une position à peu près quelconque du curseur. Il est donc possible, avec cet appareil, de rechercher un point sensible sur la galène sans s'inquiéter du réglage de la bobine. Ce point trouvé et l'émission locale arrêtée, il suffit de déplacer le curseur le long de la bobine pour trouver la position de celui-ci correspondant à telle ou telle émission en cours.

En opérant *méthodiquement*, il est assez facile d'effectuer convenablement les deux réglages sans l'aide d'un radiateur d'essai. A l'heure où l'on sait qu'a lieu l'émission que l'on recherche, l'antenne et la terre ayant été préalablement reliées à leurs bornes respectives on mettra l'écouteur à l'oreille et on placera le « chercheur » sur la galène en un point quelconque ; on déplacera ensuite lentement le curseur *d'un bout à l'autre* de la bobine.

Si le point de la galène est mauvais, on n'entendra rien pour aucun réglage de la bobine, et il faudra recommencer l'essai avec un nouveau réglage du détecteur : de nouveau *toute la longueur* de la bobine devra être explorée. Si la

(1) On remarquera que les connexions indiquées ici diffèrent légèrement de celles de la figure 15. Elles leur sont pourtant équivalentes, mais avec cet avantage que la terre, au lieu de l'antenne, se trouvant reliée au curseur, il n'y a aucun inconvénient, pour la réception, à toucher les parties métalliques de celui-ci, ce qu'on sera souvent amené à faire pour éviter le coincement que produit trop facilement la manœuvre par le bouton isolant.

galène dont on dispose n'est pas franchement mauvaise et si l'antenne qu'on a établie n'est pas trop petite pour la distance à laquelle se trouve la station d'émission on finira par percevoir plus ou moins fortement les sons désirés dans l'écouteur téléphonique.

Sans toucher au détecteur, préciser alors le mieux possible, la position du curseur qui procure l'intensité maximum d'audition et *repérer soigneusement cette position;* tant qu'on n'aura pas modifié l'antenne et tant que la station émettrice transmettra sur la même longueur d'onde *on retrouvera toujours la même émission sur ce même point.*

Le réglage de la bobine une fois déterminé, on pourra revenir au détecteur et chercher si l'on ne pourrait pas trouver un point plus sensible. Cette recherche du point le plus sensible est un des charmes de la réception sur galène, et l'on voit rarement un de ses adeptes se résigner à écouter tout un concert sur le même point de son cristal. A peu près toujours, un secret démon le pousse à chercher « si l'on ne pourrait pas entendre encore un peu mieux ! »

Le réglage de la bobine qui aura été déterminé pour l'audition des signaux horaires de la Tour Eiffel est aussi celui qui conviendra pour entendre les radio-concerts de la même station sur onde de 2650 mètres.

Le réglage de *Radio-Paris* se trouvera assez notablement moins à droite et ceux du *Petit Parisien* et de l'*Ecole Supérieure des P.T.T.* beaucoup plus près de l'extrémité gauche de la bobine. Si l'on dispose d'une bonne antenne et si la distance n'est pas trop grande (aux environs de Paris, par exemple), on pourra percevoir les émissions de la station britannique de Daventry, pour un réglage un peu inférieur à celui de *Radio-Paris.*

Une fois tous ces réglages bien repérés, le maniement de l'appareil devient aussi simple que celui du montage direct, puisqu'il se réduit au seul réglage du seul détecteur.

Recommandations pour l'entretien et le fonctionnement

Veiller toujours au contact du curseur sur la bobine. Il vaut mieux qu'un curseur appuie trop fort, même s'il use la bobine. Un contact imparfait empêche toute réception.

Ne pas toucher la galène avec les doigts; elle serait graissée et ne donnerait plus de bons résultats. Quand une galène est salie par la graisse ou la poussière, la briser pour retrouver à son intérieur de bons points de contact, ou encore la nettoyer en la bagnant dans de l'éther.

La pression de la pointe métallique sur la galène a une assez grosse influence sur la réception. Il faut la régler avec beaucoup de légèreté.

Qualités et défauts de l'appareil

Bien que très simple de construction et de maniement, cet appareil est certainement celui qui convient le mieux à la grande majorité des amateurs. Aucun autre ne procurera une réception plus forte dans les mêmes conditions de distance, d'antenne, de prise de terre, etc. Mais bien que les résultats qu'il donne soient incomparablement supérieurs à ceux du montage direct, il pourra encore parfois arriver que l'on entende avec lui plusieurs émissions voisines à la fois. Pour les séparer il faudra avoir recours à des montages plus compliqués et de maniement moins facile, que nous ne saurions conseiller aux débutants.

Montage a inductance fixe et capacité variable

Dans les montages précédemment décrits, l'accord se fait par variation de l'inductance du poste (variation du nombre de spires de la bobine d'accord, intercalés entre l'antenne et la terre). Ce mode de réglage n'assure guère la précision souvent désirée. En outre, il a l'inconvénient du « bout mort »; qualificatif donné à la partie non utilisée du bobinage. Cette partie se trouvant au voisinage immédiat de la partie active de l'inductance, diminue sensiblement la force des signaux reçus en causant un effet néfaste d'amortissement.

Nous allons décrire ci-après un poste dans lequel les deux inconvénients que nous venons de signaler n'existent plus. Le réglage se fait au moyen d'un condensateur variable permettant de parcourir une certaine gamme de longueurs d'onde avec une grande facilité et d'accorder le poste très exactement sur la longueur d'onde du poste qu'on veut entendre.

Fig. 18. — Une bobine nid d'abeille

D'autre part, la bobine cylindrique sera très avantageusement remplacée par un jeu de bobines interchangeables dont le bobinage est exécuté d'une façon particulière les faisant ressembler aux nids d'abeilles (c'est pourquoi on désigne ces bobines sous le nom de nid d'abeilles). Ainsi sera évité l'effet du « bout mort » en rendant le récepteur *plus puissant* et *plus sélectif.*

La construction de ce poste est très simple pour les débutants.

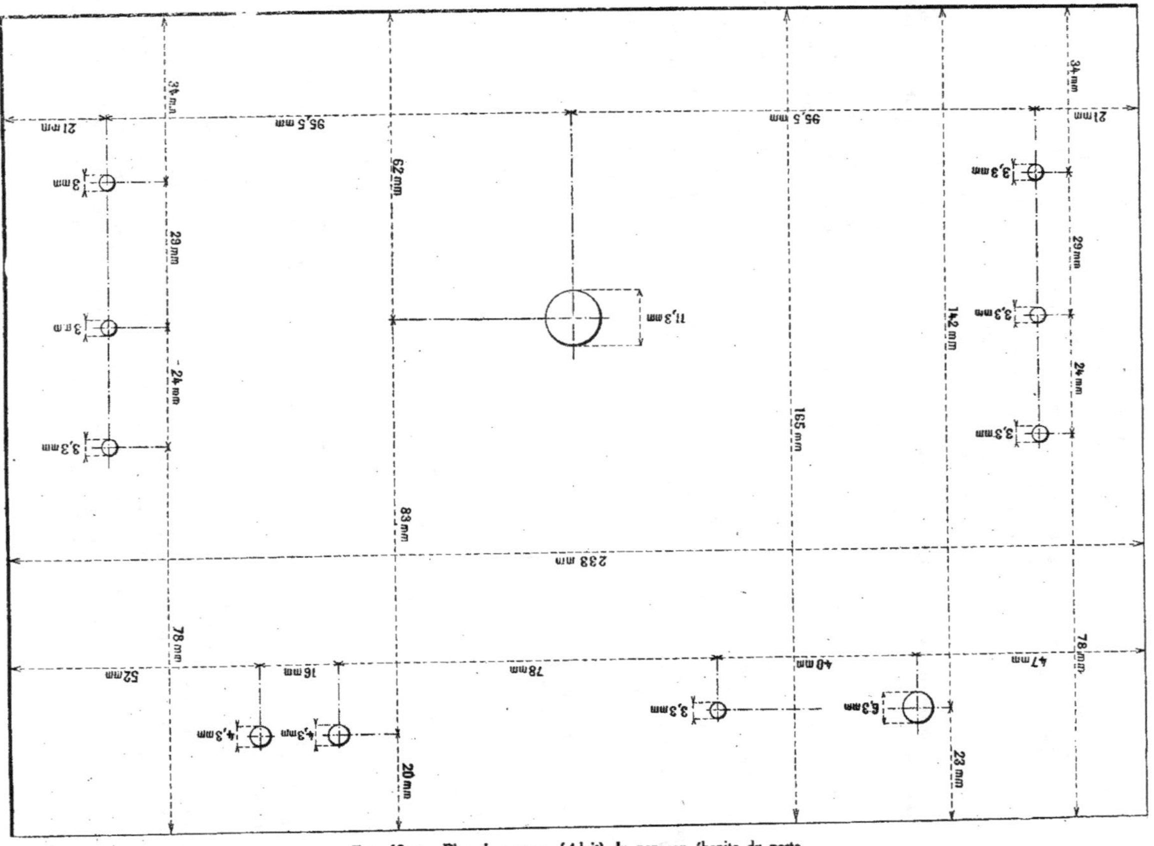

Fig. 19. — **Plan de perçage (réduit) du panneau ébonite du poste.**

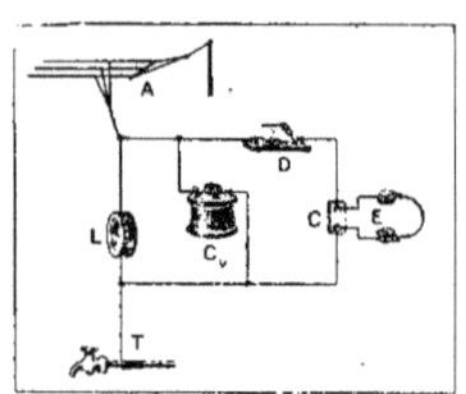

Fig. 20. — **Schéma de connexions à établir entre les organes du récepteur à galène.**

Se munir d'une plaque d'ébonite de 235 × 165 (ces dimensions ne sont pas absolues, mais elles sont utiles à observer si l'on veut profiter de nos descriptions d'amplificateur), percer la plaque d'ébonite en se servant du plan de perçage que l'on trouvera plus loin et que l'on applique sur le côté *brillant* de cette plaque d'ébonite; on pointe alors les trous à leur centre, ceux-ci sont percés au moyen d'une chignole et de mèches américaines.

Le montage de ce poste est très simple comme on le verra sur le plan des connexions. Le condensateur variable le plus convenable est celui d'une capacité de 1/1.000 maximum. Dévisser la petite vis (vis pointeau) qui se trouve sur les cannelures du bouton du cadran, enlever ensuite le gros écrou qui se trouve sur la tige centrale, passer celle-ci dans la plaque d'ébonite et visser de l'autre côté l'écrou à 6 pans qu'on venait de retirer, le serrer assez avec une pince plate, une pince universelle ou mieux une clef anglaise, sans serrer avec exagération.

Revisser le cadran en observant que la division 100 se trouve en haut quand les plaques mobiles sont complètement rentrées à l'intérieur des plaques fixes du condensateur.

Etablir ensuite les connexions avec du fil de cuivre nu de 12/10 par exemple, ou mieux en fil carré 13/10 sans oublier le condensateur fixe de 2 ou 3/1.000 aux bornes des écouteurs (voir figure). Ce condensateur est un condensateur tubulaire diélectrique garanti, on pourra toutefois se servir d'un condensateur moins cher, par exemple d'un modèle étanche.

Entre les deux bornes d'écouteur on verra que nous avons mis une borne supplémentaire c'est ce qu'on appelle la borne de repos : cette borne n'est utile que pour le cas où on met un ou deux écouteurs en série ou un ou deux casques.

De l'autre côté nous avons deux bornes antenne.

Pour le cas d'une réception sur grandes ondes *FL, Radio-Paris, Daventry,* celle du haut sera connectée à l'antenne, la seconde c'est-à-dire celle du milieu sera reliée à la borne de terre par un fil de cuivre et cette borne de terre naturellement reliée à la prise de terre. Pour la réception sur petites ondes (*P. T. T., Petit Parisien, Postes anglais, etc...*), enlever le fil ou barrette dont nous venons de parler,

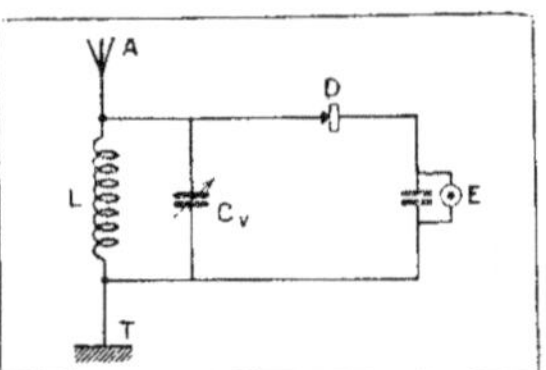

Fig. 21. — **Schéma de principe du récepteur à galène.** — *A*, antenne ; *L*, bobine ; *C*, **condensateur variable**; *D*, détecteur; *E*, écouteur; *T*, terre.

mettre l'antenne à la borne antenne du milieu et la terre à la borne terre; dans ce dernier cas le condensateur variable se trouve « en série » dans l'antenne alors que dans le premier cas il se trouvait « en parallèle ».

Le poste que nous venons de décrire doit donner de bons résultats sur antenne appropriée jusqu'à environ 200 ou 300 kilomètres des postes émetteurs (selon la puissance de ceux-ci).

L'antenne appropriée dont nous parlons est très variable suivant la distance à laquelle on se trouve du poste

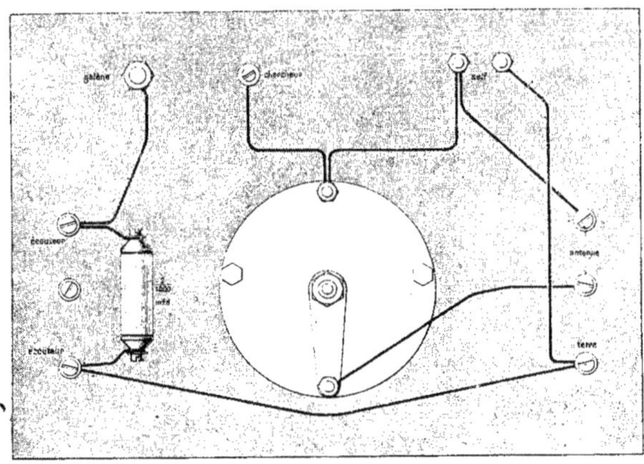

Fig. 22. — Vue arrière **montrant les connexions**

d'émission ainsi que la position topographique des lieux où on doit établir le poste.

Aux environs des postes émetteurs l'antenne peut être constituée par des moyens de fortune, le plus pratique de ceux-ci est le secteur électrique pour ceux qui ont l'électricité; dans ce cas il faut absolument intercaler entre le secteur et la borne antenne un condensateur essayé ou un bouchon de prise « spécial » se montant soit sur douille de lampe, soit sur prise de courant.

Mettre le condensateur variable en série pour le secteur.

A quelques kilomètres on pourra vraisemblablement établir une antenne bien isolée à chaque extrémité, ce que nous conseillons vivement si la chose est possible.

Se rapporter pour la construction de l'antenne à la fin de cette partie.

Pour le cas où nos lecteurs seraient situés près de plusieurs postes d'émission ayant une longueur d'onde rapprochée et ne pourraient pas, avec le poste que nous venons de décrire, sélectionner celles-ci, ils pourraient y parvenir au moyen du montage Tesla, sans changer en rien les connexions du poste. Il suffira pour cela de relier la borne « Antenne » de milieu à la borne terre par un fil de cuivre nu (montage en parallèle) et de brancher l'antenne et la terre non pas aux bornes du poste, mais à une bobine nid d'abeille placée à la distance de quelques centimètres de la bobine du poste et parallèlement à celle-ci. Le nombre de spires de cette bobine supplémentaire doit être légèrement inférieur à celui de la bobine d'accord. En augmentant la distance entre les deux bobines; on augmentera la sélectivité du poste et aussi, jusqu'à une certaine distance, sa puissance. Dans ce cas nous conseillerons le poste avec T.P.T.-Accord, décrit plus loin.

Réglage

L'on se procurera comme accessoires 2 bobines interchangeables de 60 et 250 spires.

Pour les petites ondes mettre celle de 60 spires sur les 2 broches comme on peut le voir sur la photographie. Pour les grandes ondes mettre celle de 250 spires.

Brancher l'antenne et la prise de terre comme il a été dit plus haut; chercher un point sensible sur la galène à l'aide du chercheur tout en réglant le condensateur variable.

S'arrêter à audition maximum et parfaire le point sensible sur la galène.

Si les résultats sont insuffisants, au 0 ou au 100 du condensateur il faudra une bobine d'un numéro supérieur si l'on est à 100 ou d'un numéro inférieur si l'on est à 0.

Fig. 23. — Le poste terminé vu par dessus

APPAREILS A GRAND RENDEMENT

Le T. P. T. - Accord

A la ville, à Paris notamment, il devient de plus en plus difficile d'installer une antenne sur les toits, et de nombreux galénistes en sont réduits à utiliser des antennes de fortune.

Il y a donc intérêt à employer, surtout pour un poste à galène, le montage qui donnera les meilleurs résultats. Nous avons adopté le montage Tesla qui présente de nombreux avantages quand on utilise des antennes de fortune (fils du secteur électrique, conduites de gaz, d'eau, etc...), dont la longueur d'onde propre est inconnue et souvent très éloignée de la longueur d'onde à recevoir.

Ce n'est pas d'aujourd'hui qu'on monte des postes — à galène ou à lampes — en Tesla : c'est pourquoi nous avons voulu mieux faire.

Un Tesla comprend toujours un primaire et un secondaire. Généralement, et c'est l'avantage du système, les enroulements (selfs) qui constituent le primaire et le secondaire sont plus ou moins couplables, ce qui donne à ce système d'accord une certaine sélectivité ; cette sélectivité peut être très poussée si l'on découple autant qu'il en est nécessaire le primaire et le secondaire, voire même jusqu'à 45 % quand les selfs sont montés sur pivots. Malheureusement, peu d'amateurs savent utiliser correctement un Tesla et bien peu d'entre eux découplent leurs selfs à ce point. Il y a, en effet, à ce moment, une notable diminution de puissance de réception et l'amateur a le défaut, si c'en est un, de vouloir écouter toujours plus fort, en tout cas, au maximum de puissance de son poste. La sélectivité de celui-ci en souffre beaucoup et l'amateur débutant se plaint qu'il entend quelquefois deux postes simultanément.

La *T. S. F. pour Tous* a publié dans son numéro 20, un article des plus intéressants sur le T.P.T.-Couplage et le T.P.T.-Sélecteur.

Le T.P.T.-Sélecteur est un tout petit appareil très simple, qui ne coûte pas cher à construire soi-même et en peu de temps, qui permet une sélection parfaite, qui s'adapte à n'importe quel poste récepteur en quelques secondes — sans rien modifier à celui-ci, — et avec lequel on élimine un poste gênant...

Mais je ne puis vous le vanter davantage, lisez le numéro 20 de *La T. S. F. pour Tous* et construisez à peu de frais de T.P.T.-Sélecteur... vous m'en direz des nouvelles et vous féliciterez avec moi le D^r^... (mais « chut », sa modestie n'a d'égale que sa haute valeur).

Le poste à galène qui nous intéresse est donc perfectionné et diffère des montages connus en ce sens que le secondaire du Tesla d'accord est constitué en T. P. T.-Couplage : nous ne pouvons pas revenir en détail sur le principe de ce couplage et prions nos lecteurs de bien vouloir se reporter au susdit numéro. Ils y verront que ce système donne une plus grande sélectivité ; dans le cas qui nous intéresse, il a aussi l'avantage — et c'est précieux pour un poste à galène — d'augmenter la puissance de réception, puisque grâce à lui, on diminue la résistance du circuit secondaire du fait même que le circuit détecteur (lequel exerce toujours un effet d'amortissement) n'est en dérivation que sur une partie de ce secondaire.

Pour la commodité du montage et le moindre encombrement, nous utilisons les selfs en nid d'abeilles. Une self est le primaire (L_1), tandis que le secondaire est constitué de deux autres selfs. On aurait pu n'utiliser en secondaire qu'une seule self, dite auto-transformateur, avec une prise en un point qui peut être au milieu,

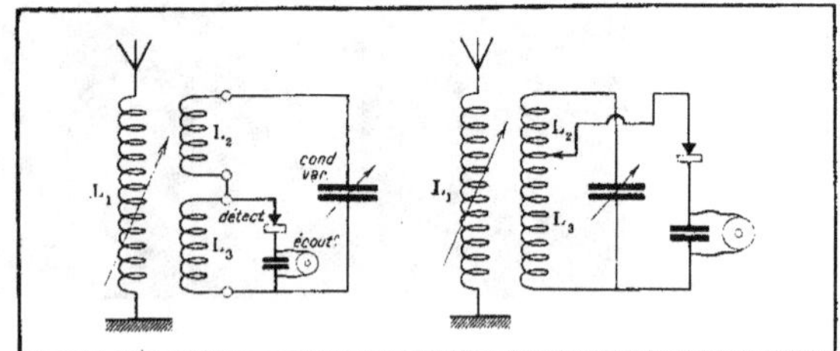

FIG. 24. — **Schémas du poste à galène présenté de façons différentes.**

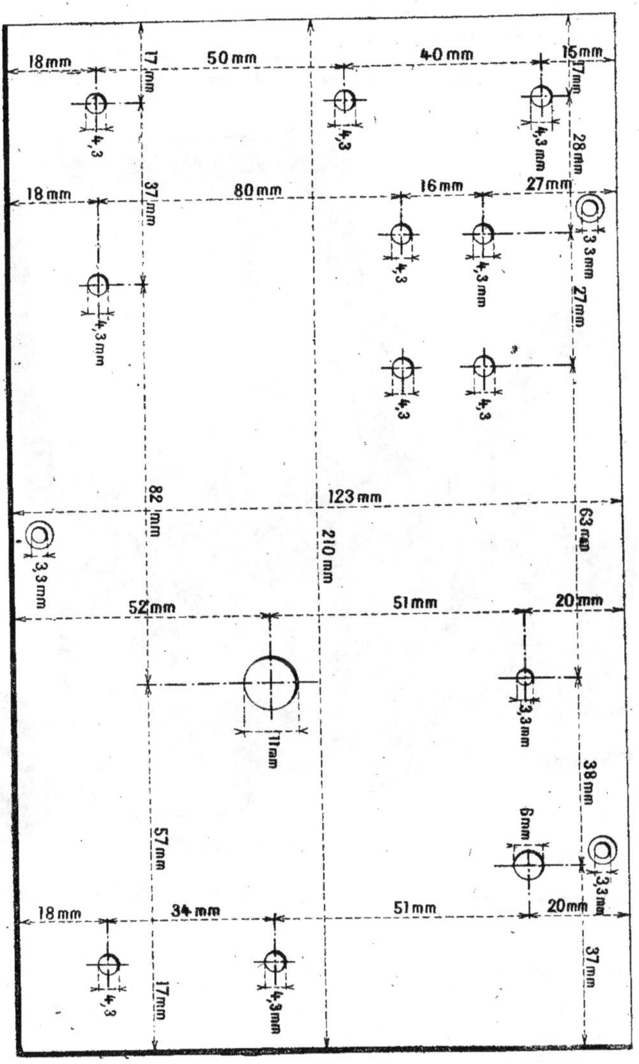

Fig. 25. — Plan de perçage de la plaque d'ébonite

au tiers ou au quart mais il est de beaucoup préférable de pouvoir choisir soi-même le rapport à donner, ce qui est très facile aevc les selfs interchangeables.

bout de fil de cuivre nu, assez gros, qu'on a replié comme un U, et on met celui-ci dans les douilles qui supportaient la self. Ce poste devient alors un simple poste en Tesla, dont

Pour donner au poste une grande facilité de transport, en même temps qu'un aspect élégant, il a été monté dans un petit coffret en chêne verni; celui-ci peut contenir les selfs in-

Fig. 26. — Le poste à galène étant placé dans son coffret, peut ainsi être transporté facilement avec un écouteur et une série de selfs interchangeables

D'ailleurs, lors du réglage du poste, on peut très bien supprimer une de ces deux bobines du secondaire, la L_2, en la court-circuitant : on l'enlève et la remplace par un

le primaire est apériodique (non accordé) et dont le secondaire L_3 est accordé au moyen du condensateur variable qui reste toujours en parallèle sur le secondaire.

terchangeables et un ou deux écouteurs. Lorsque le poste est refermé, il est donc, ainsi que tous ses accessoires, à l'abri de la poussière.

Prendre une plaque d'ébonite de

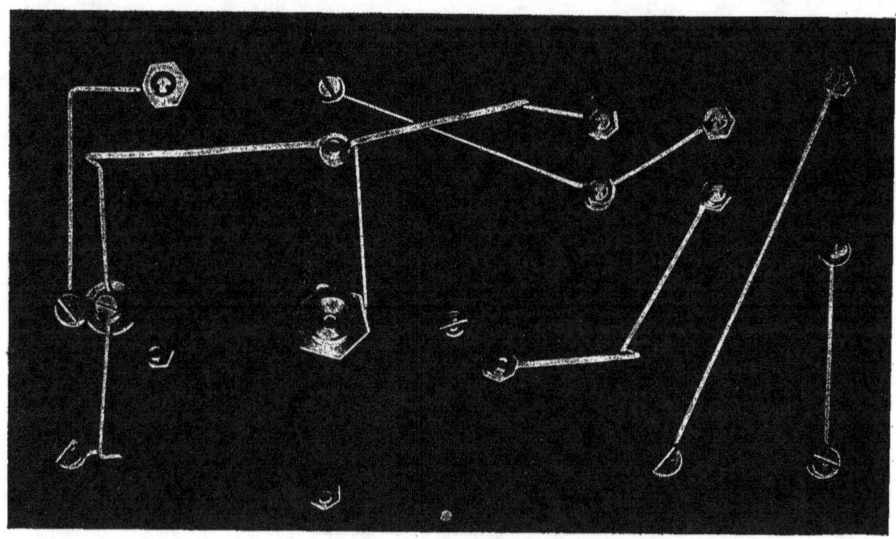

Fig. 27. — Vue photographique des connexions

210 × 125 m/m en 5 m/m d'épaisseur, la pointer à l'aide du plan de perçage, percer les trous suivant leur diamètre respectif.

Monter les douilles supports de selfs, le support mobile; fixer le condensateur variable au moyen de l'écrou sur la vis centrale.

Etablir les connexions, en fil carré de préférence, tout en mettant les bornes et le détecteur à galène à leur place. Le condensateur fixe (d'une capcité de 2 ou 3/1000) qui se trouve entre les deux bornes de l'écouteur sera placé verticalement ou horizontalement suivant sa forme ou sa longueur.

Se méfier des condensateurs très bon marché que l'on place directement sous les bornes et qui présentent le grave inconvénient, quand on serre un peu trop ces dernières, de se mettre en court-circuit, du fait de l'écrasement du diélectrique, qu'il soit en papier ou en mica.

Le condensateur dont nous parlons, appelé aussi condensateur de sortie, dès qu'il est en court-circuit, rend toute audition impossible.

Les connexions établies, et les écrous bien serrés, il ne reste plus qu'à fixer la plaque d'ébonite dans la boîte, au moyen de trois vis à bois; une petite réglette clouée à l'intérieur de la boîte, sur le côté du devant, et une petite planchette servant de cloison placée verticalement à l'endroit voulu supporteront le panneau d'ébonite. Il restera à ce moment dans la boîte un espace vide entre la cloison et le côté en regard, espace qui peut contenir quatre ou six bobines, et un ou deux écouteurs, suivant les dimensions données au coffret. Si ce dernier est muni de deux petits crochets pour tenir le couvercle et d'une poignée fixée soit sur le dessus du couvercle, soit sur le côté du devant, il sera facilement transportable.

La mise en fonctionnement du poste et son réglage sont des plus simples.

Si l'on utilise une antenne normale 25 à 50 mètres unifilaire, par exemple, et que l'on veuille recevoir Radio-Paris, mettre au primaire (support mobile), une self 3 *bis* de 150 tours, et au secondaire : support fixe du 2 ou 2 *bis* (60 ou 90 tours), support fixe de droite 2 *bis* ou 3 (90 ou 120 tours).

Relier l'antenne et la terre à leurs bornes respectives et connecter l'écou-

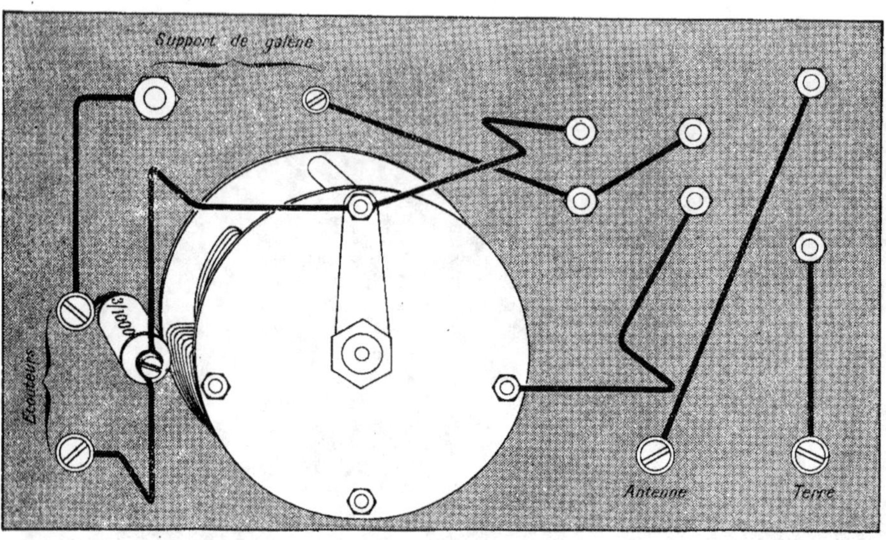

FIG. 27 *bis*. — Vue schématique des connexions

teur ou le casque aux bornes réservées à cet usage. Coupler le primaire (mettre la bobine dans la position verticale, c'est-à-dire contre les bobines fixes), poser doucement la pointe du chercheur sur la surface de la galène, qu'on aura serrée au préalable dans la petite cuvette, et tourner doucement le cadran du condensateur variable jusqu'à l'audition maximum.

Si on est gêné par l'audition d'un autre poste (Daventry, par exemple), découpler doucement le primaire (en l'écartant sur la gauche) et refaire l'accord au moyen du condensateur variable.

Si l'on emploie une antenne de fortune, il faudra « tâtonner » pour choisir la self qui conviendra le mieux au primaire.

Pour les petites longueurs d'onde, on utilisera généralement, et dans l'ordre, les bobines suivantes :

N° 1 (30 tours), 0 *bis* (22 à 25 tours) ou 1 et 1 *bis* (45 tours).

Avec une antenne de plus petites dimensions, il faudra employer, comme bobine d'antenne, une bobine à plus grand nombre de spires. Il est, en général, difficile de déterminer, *à priori*, le nombre de spires de bobines assurant le rendement optimum. Le mieux est d'essayer plusieurs valeurs de bobines.

A Paris, ce poste permet généralement la réception, avec les moyens indiqués, de tous les postes parisiens. Dans la région parisienne, sur antenne, ou lorsque le secteur est aérien, on aura généralement le poste anglais de Daventry. La réception de Radio-Paris et de la Tour Eiffel sera très bonne jusqu'à 200 ou 300 kilomètres suivant l'antenne employée, et la situation géographique.

L'antenne que nous recommandons comme donnant les meilleurs résultats est l'antenne unifilaire de 60 à 75 mètres quand la chose est possible ; on veillera à son bon isolement.

A titre d'exemple, disons qu'aux environs de Meaux, on reçoit très bien avec ce poste sur antenne unifilaire de 65 mètres : Radio-Paris, la Tour Eiffel, Daventry (celui-ci aussi bien que Radio-Paris), Radio-Toulouse, assez régulièrement les P.T.T. et le *Petit Parisien*.

Il est évident que le rendement d'un récepteur à galène dépend surtout des conditions locales et de l'antenne employée.

On peut toutefois affirmer que, dans des conditions de réception déterminées, ce sera toujours le récepteur décrit plus haut qui donnera les meilleurs résultats.

Un poste à galène à étalonnage constant

Le poste à galène dont il va être à présent question aujourd'hui a pour but de permettre à l'amateur *de connaître d'avance, et sur n'importe quelle antenne le réglage d'un poste recherché*.

Le dispositif décrit ci-dessous (brevet A. Boursin, octobre 1922) comporte ceci de particulier, c'est qu'il permet l'inscription sur une planchette, au-dessus de laquelle se meut un index, des principaux postes qu'on peut recevoir sur galène dans la région parisienne.

Avec ce poste, Radiola et F. L. ont été entendus à 100 kilomètres et

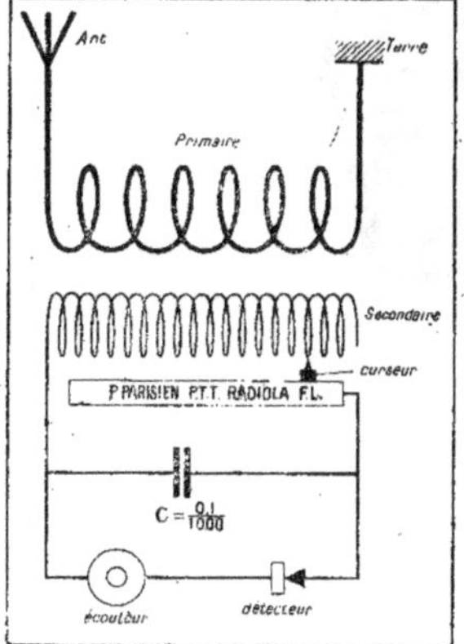

Fig. 28. — Schéma du poste.

les amateurs ont pu constater qu'en se servant d'une petite ou d'une grande antenne, leur réglage d'index était toujours le même et qu'ils retrouvaient toujours à la même position de l'aiguille le poste désiré.

C'est donc, pour l'auditeur qui veut s'éviter des recherches parfois longues, un avantage incontestable. De plus, ce montage permet d'obtenir une syntonie parfaite et une élimination des postes gênants, sans toutefois égaler le T. P. T. accord qui vient d'être décrit.

La plupart des postes à galène dont se servent couramment les auditeurs ne peuvent séparer les P. T. T. du poste du *Petit Parisien*, et *Radiola* de la Tour Eiffel.

Ce circuit se présente de la façon suivante :

Il comporte deux bobines :

La première, la bobine primaire, est un rouleau de carton de 9,5 centimètres de diamètre et de 25 centimètres de long sur lequel on enroule 50 spires *non jointives* de fil de cuivre couvrant toute la longueur du tube.

On pourra employer du fil 6/10 sous coton. Il devra donc y avoir 2 spires par centimètres. Les deux bouts libres du fil seront connectés à la fin de l'assemblage général, respectivement aux bonnes Antenne et Terre.

Ce carton étant terminé, en préparer un second de 11 centimètres de diamètre et de 25 centimètres de long.

Enrouler sur toute la longueur, du fil émaillé 4/10 à *spires jointives* comme on le fait pour une bobine ordinaire en ne laissant libre qu'une des extrémités du fil : celle de gauche ; celle de droite n'étant pas utilisée dans le montage, la couper au ras du carton.

Introduire la première bobine, dans la seconde et les fixer toutes les deux au moyen de deux joues en bois, poser sur ces joues une réglette carrée avec un curseur modèle normal, *décaper* le fil émaillé à l'endroit où frotte le curseur et placer le tout dans une boîte dont le couvercle arrivera juste à la hauteur de la réglette, c'est-à-dire que le curseur une fois posé, doit empêcher la boîte de se fermer ou dépasser légèrement de ce couvercle si on lui ménage un passage dans toute la longueur de sa course. Donc, pour clore ce couvercle il faudra pratiquer pour le curseur, une ouverture longitudinale qui permettra à celui-ci de parcourir toute la bobine, le couvercle fermé. Le long de cette ouverture, on collera une bande de papier ou d'ivorine qui permettra l'inscription des postes reçus. Munir le curseur d'un index qui parcourra cette bande indicatrice. Le fond de la boîte devra pouvoir se dévisser.

Fixer le couvercle, enlever le fonds(assujettir les joues de la bobine au moyen de vis les maintenant sur les côtés de la boîte, poser les bornes Antenne et Terre comme la figure l'indique et y relier les deux fils de la bobine primaire.

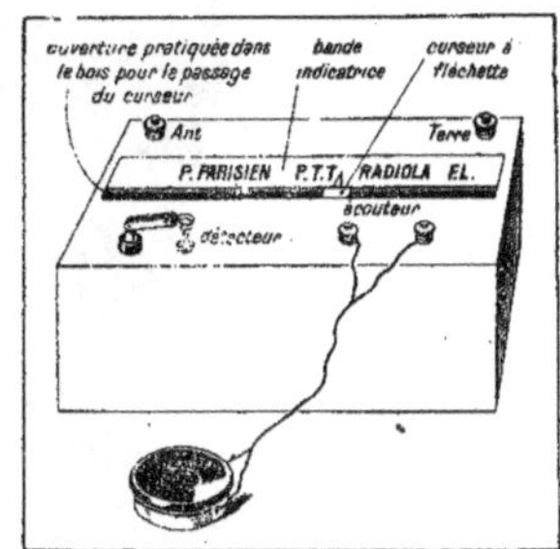

Fig. 29. — Croquis du poste réalisé.

Poser le « *détecteur* » et les bornes « *écouteur* » suivant le croquis.

Relier le fil libre de la 2e bobine, au support du chercheur du détecteur, la cuvette à galène sera reliée à une borne de l'écouteur et l'autre borne du casque devra être connectée à la réglette *en cuivre*.

Un petit condensateur fixe, au mica ou mieux à diélectrique à air de

0,1/1.000 de mf. sera branché suivant le schéma.

Ce petit condensateur a pour but de syntoniser, dès le début, les réglages désirés.

Il est donc indispensable.

Il n'y aura plus qu'à fermer la boîte

Dès qu'un poste aura été découvert, écrire sur la bande de papier le nom de ce poste, en face la pointe de la fléchette du curseur.

On entend généralement à Paris et dans toute la région parisienne les postes suivants :

poste ailleurs et le monter sur une antenne différente de la vôtre, vous retrouverez au même endroit de la bande indicatrice le poste que vous désirez obtenir.

De plus, vous serez étonné avec quelle facilité on les élimine les uns

Fig. 30. — Photographie du poste terminé.

par le fond, à brancher l'antenne et la terre aux bornes respectives et à se mettre courageusement à la recherche des postes généralement audibles sur galène.

Petit Parisien, Radio L.L., P.T.T. Radiola, Tour Eiffel.

Quand tous ces postes auront été repérés par vous et inscrits sur votre tablette, vous pourrez transporter votre

des autres et avec quelle pureté on les reçoit, une bonne partie des parasites habituellement entendus sur un montage ordinaire disparaissant avec le dispositif qui vient d'être décrit.

CONSTRUCTION D'UN AMPLIFICATEUR POUR POSTE A GALÈNE

(AMPLIFICATEUR BASSE FREQUENCE A UNE LAMPE)

Pour donner plus de volume au son perçu dans les écouteurs, et *obtenir une audition plus puissante*, on peut faire suivre le poste à galène d'un amplificateur, c'est-à-dire d'un petit appareil augmentant l'amplitude du courant téléphonique venant du détecteur.

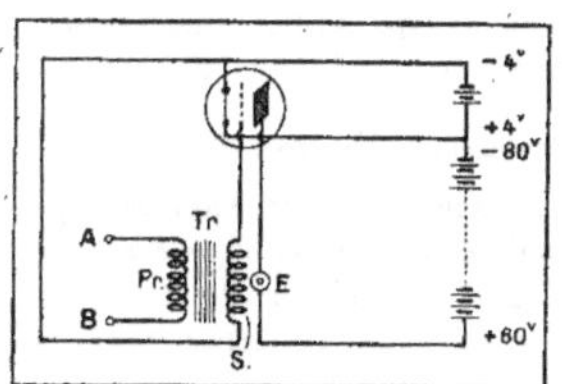

Fig. 31. — Schéma de principe d'un amplificateur basse fréquence à transformateur à une lampe.

L'amplification basse-fréquence (la seule qui puisse *suivre* un poste à galène), peut se réaliser de deux façons : à l'aide d'un transformateur, ou à l'aide de résistances.

L'amplification par transformateur étant la plus puissante, donc la plus susceptible d'intéresser nos lecteurs, nous allons donner les détails de construction d'un amplificateur basse fréquence à transformateur à une lampe pouvant se brancher instantanément, et très simplement, à la suite de *l'un* ou *l'autre* des appareils décrits précédemment.

L'amplification obtenue est de 5 à 10 fois suivant la qualité du transformateur employé et les caractéristiques de la lampe utilisée ; on peut se permettre de faire à Paris du petit haut-parleur sur les émissions parisiennes.

Il en sera de même en province quand on ne sera pas trop éloigné d'un poste émetteur ou que la réception sur simple galène sera déjà très bonne.

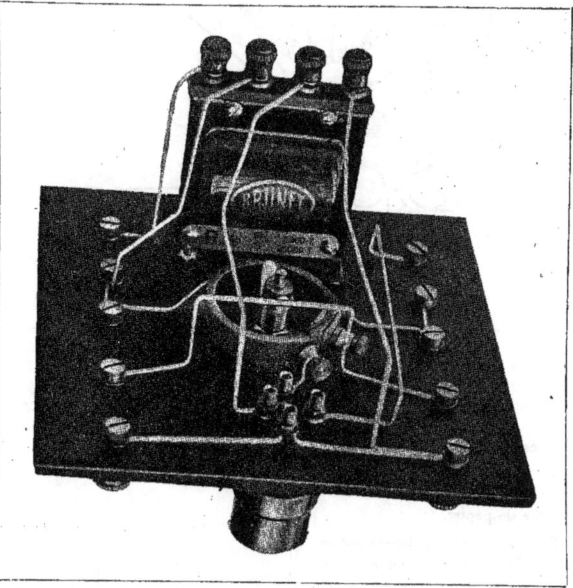

Fig. 31 *bis*. — Face inférieure du plateau d'ébonite montrant la disposition des organes et des différentes connexions.

Cette amplification permettra en outre de recevoir au casque ou à l'écouteur, des émissions plus éloignées que l'on ne soupçonnait nullement avec le poste à galène seul.

Cet appareil est donc fort intéressant pour les galénistes en général, car il s'ajoute à n'importe quel poste à galène et en particulier à ceux dont nous avons donné la description précédemment.

Il suffit tout simplement de brancher l'entrée AB de l'amplificateur à la place de l'écouteur ou du casque sur le poste à galène, sans rien modifier à celui-ci. L'écouteur ou le casque (E) sont reportés à la sortie de l'amplificateur.

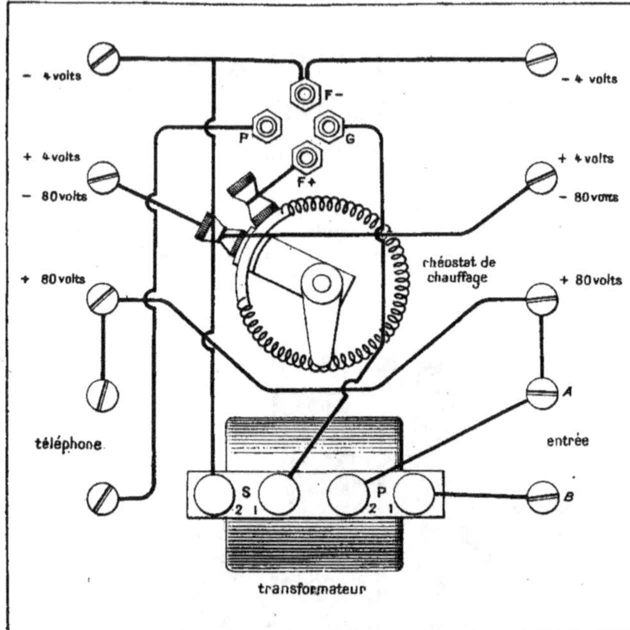

FIG. 32. — Schéma des connexions montrant la disposition des organes dans la photographie ci-dessus, c'est sur ce schéma que l'amateur devra monter son appareil.

Construction.

D'après les cotes de notre plan de perçage, ou approximativement, celui-ci sera reproduit grandeur naturelle sur une feuille de papier.

Celle-ci sera alors appliquée sur le panneau d'ébonite et maintenue par quelques gouttes de colle ou de gomme arabique.

Les centres des trous seront pointés au moyen d'un pointeau, ou à défaut, d'un clou un peu fort; les trous seront percés avec une chignole (perceuse à main) et des mèches américaines (ou mieux des mèches à ébonite) appropriées.

On fixera ensuite à leurs emplacements respectifs (voir figures) les douilles de lampe, le rhéostat, le transformateur basse fréquence et les bornes.

Les douilles et les bornes se fixent au moyen d'un de leurs écrous; le rhéostat se fixe de même par un écrou central après avoir desserré la vis maintenant le frotteur et enlevé le bouton et la tige centrale; ceux-ci se remontent ensuite de la même façon, après avoir serré le cadran entre la plaque d'ébonite et l'écrou extérieur.

Le transformateur sera fixé au panneau d'ébonite au moyen de deux vis et de deux écrous de 3 mm.

La disposition des trous des vis du transformateur pourra être modifiée suivant le type du transformateur employé.

Etablissement des connexions.

Les connexions intérieures de l'appareil seront faites en fil de cuivre nu de 12/10 de millimètre de section, ou mieux avec du fil de section carrée de 13/10 de millimètre.

Nous commencerons par établir le circuit de chauffage, le circuit d'entrée du transformateur puis le circuit de grille et enfin le circuit de plaque. Le fil devra, aux points de départ et d'arrivée, être recourbé pour former un petit crochet ou un œillet, au milieu duquel passera la vis de la borne.

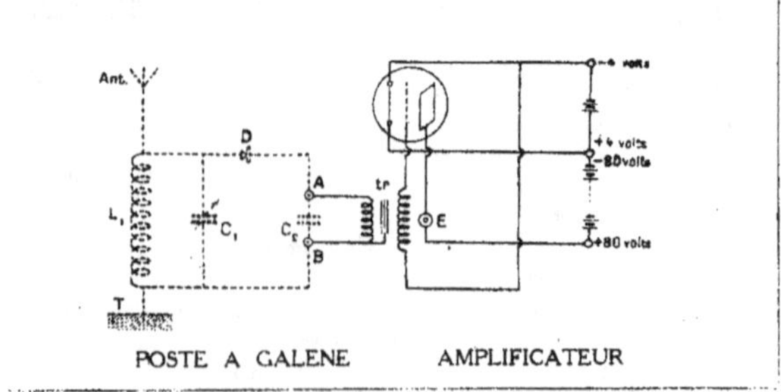

FIG. 33. — Schéma de l'amplificateur à la suite d'un poste à galène.

AMPLIFICATEUR POUR POSTE A GALÈNE

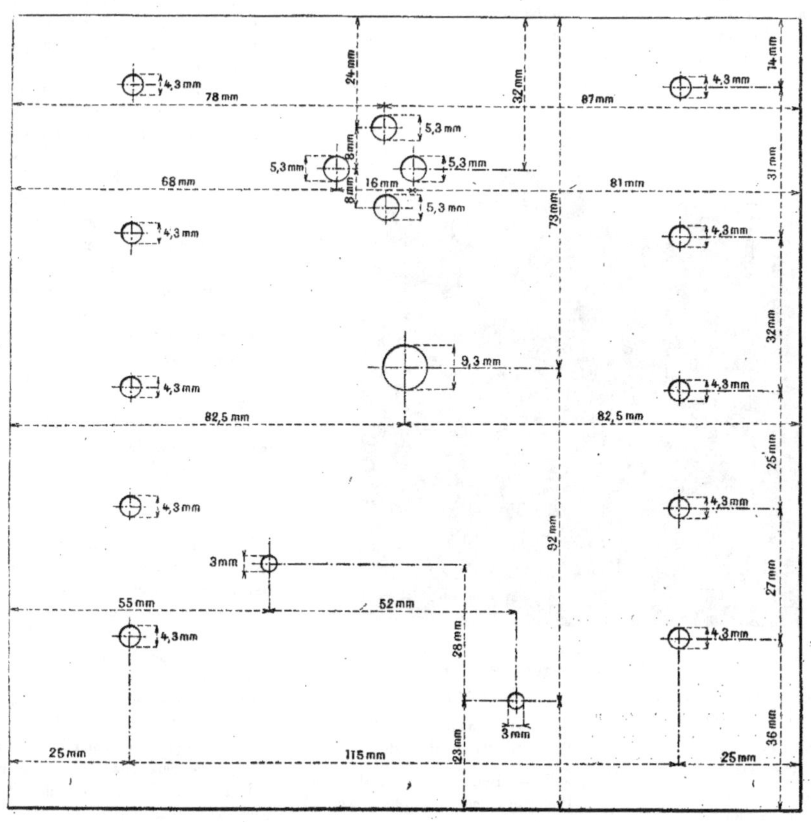

FIG. 34. — Plan de perçage de la plaque d'ébonite (grandeur naturelle) avec cotes.
L'amateur désirant construire l'appareil n'aura qu'à appliquer ce plan, ou un calque fait sur lui, contre la plaque d'ébonite de 165 mm. sur 165 mm. et 5 mm d'épaisseur et à percer des trous avec des mèches appropriées suivant les indications.
(La plaque d'ébonite est ici vue en dessous.)

Lorsque le fil doit passer successivement par plusieurs bornes, il suffira de l'enrouler au passage autour de leur vis et de continuer vers le point suivant, sans couper le fil.

Voici, pour chacun des circuits, de chauffage, d'entrée, de grille et de plaque, par quels points passent successivement les connexions, ainsi qu'on peut le vérifier sur la photographie de

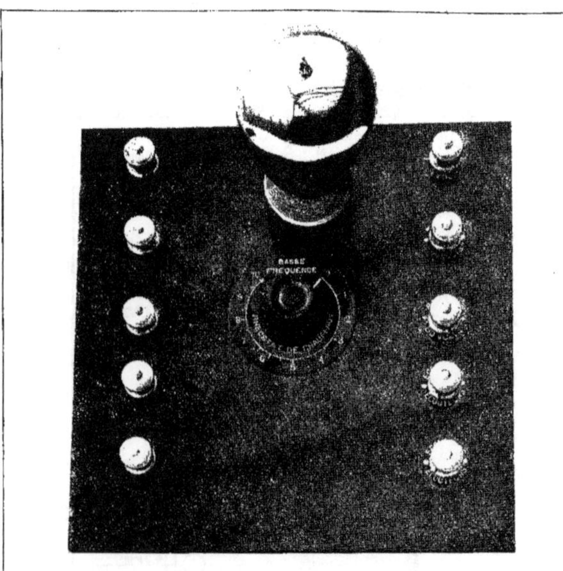

Fig. 35. — L'amplificateur terminé, vu par dessus.

la face intérieure du panneau d'ébonite et sur le schéma qui y est joint.

1° *Circuit de chauffage :*

A. — Première borne, - 4 volts.

Douille de filament F. - Deuxième borne 4 volts (à droite).

B. — Première borne + 4 volts (à gauche).

Première borne du rhéostat de chauffage. — Deuxième borne +4 volts (à droite).

C. — Deuxième borne du rhéostat de chauffage. — Douille de filament F+.

2° *Circuit d'entrée.*

A. — Borne A. — Borne P2 du transformateur.

B. — Borne B. — Borne P1 du transformateur.

3° *Circuit de grille.*

A. — Douille de grille G. — Borne S1 du transformateur.

B. — Borne S2 du transformateur Première borne — 4 volts (à gauche).

4° *Circuit de plaque.*

A. — Borne *casque* (plaquette rouge). — Première borne + 80 volts (à gauche). — Deuxième borne + 80 volts à droite). — Borne B.

B. — Douille de plaque P. — Borne *casque* (plaquette noire).

Comment faire fonctionner l'appareil.

Nous consulterons encore une fois le schéma des connexions pour nous assurer qu'aucune erreur de montage n'a été commise. Il sera utile de vérifier les contacts en resserrant tous les écrous et les bornes. Puis, nous placerons notre amplificateur à droite du poste à galène, dont nous aurons eu le soin de débrancher le casque. Nous réunirons par des fils de cuivre nus ou isolés, aussi courts que possible, les bornes de l'écouteur du poste à galène aux bornes « *entrée* » de l'amplificateur. Les pôles des batteries seront alors respectivement connectées aux bornes — 4 volts + 4 volts et — 80 volts (borne commune) et + 80 volts de l'amplificateur (à droite).

Le casque sera branché aux bornes marquées *casques*.

Après avoir placé avec soin la lampe sur son support on l'allumera en tournant de droite à gauche le bouton du rhéostat de chauffage et on règlera l'appareil à galène comme il a été indiqué précédemment.

Remarques.

L'appareil que nous présentons aux lecteurs peut très bien fonctionner avec des lampes ordinaires, dans ce cas, à la place d'une batterie de piles sèches de 4 volts, il y aura lieu d'employer une batterie d'accumulateurs.

Aux bornes du casque on aura intérêt à disposer un condensateur fixe de 2/1000 mf.

On remarquera que l'amplificateur a été muni de deux séries de bornes pour l'alimentation, alors qu'une seule suffit pour son emploi derrière un poste à galène : nos lecteurs auront avantage à maintenir cette disposition qui pourra leur permettre ultérieurement d'utiliser l'amplificateur derrière un poste à une lampe.

ANTENNE ET PRISE DE TERRE

L'antenne.

Avant d'entrer dans la théorie des collecteurs d'ondes, nous voudrions satisfaire l'impatience légitime de l'amateur désireux de monter, sans plus attendre, son poste à galène. A ces fins, nous donnons ci-dessous place à quelques renseignements et conseils d'ordre pratique qui permettront à tout amateur d'installer l'antenne et la prise de terre les meilleures dans son cas particulier.

C'est avec le plus grand soin qu'il faut mener ce travail lorsqu'il s'agit de réception sur galène; car, si les récepteurs à lampes peuvent, grâce à leur amplification, compenser dans une certaine mesure les imperfections d'installation d'un collecteur d'ondes, les postes è galène exigent, par contre, pour bien fonctionner, un collecteur d'ondes parfait à tous les points de vue.

Nous engageons donc vivement nos lecteurs de ne négliger d'aucun des conseils que nous donnons ci-dessous.

Conditions d'installation d'une antenne

L'antenne est l'oreille d'une station de T. S. F.

Sa position et la façon dont elle est établie influent considérablement sur la distance maximum de réception.

L'endroit idéal pour installer une antenne serait une plaine éloignée de toute colline et aussi dépourvue que possible d'arbres, de cheminés, lignes téléphoniques ou télégraphiques, lignes de transport d'énergie électrique, hautes maisons, etc.

D'aussi parfaites conditions sont assez rarement réalisables et l'amateur est le plus souvent réduit à tirer le meilleur parti possible de l'emplacement et des supports d'antenne dont il dispose: maisons, cheminées, arbres, poteaux, etc.

FIG. 36. — En haut, antenne unifilaire partant d'un arbre pour aller directement à la borne de l'appareil en passant par le centre d'un carreau. Une telle antenne est d'une installation très facile.
En bas, une antenne unifilaire en L renversé.

Trois cas principaux peuvent se présenter lorsqu'il s'agit de faire une installation de T. S. F. :

1° L'amateur habite la campagne, dispose de beaucoup de place et peut établir une vraie antenne.

2° L'amateur habite la ville ou même la campagne, dispose de peu de place, mais peut quand même monter une antenne sur son toit;

3° L'amateur habite la ville et pour des raisons quelconques est forcé de recourir à des moyens de fortune pour recevoir les radio-communications autrement que sur cadre (réseau de lumière, téléphone, antenne intérieure, etc.).

Premier cas : Installation d'une antenne à la campagne

Si devant la maison où sera installé le poste, on peut, grâce à un champ ou à un grand jardin peu garni d'arbres, établir une antenne assez longue (50 à 80 mètres environ), on la fera « unifilaire ».

Si les appareils doivent être installés à un étage (premier ou deuxième), on pourra établir une antenne unifilaire partant directement du poste vers un arbre, un poteau, une maison, etc.

Si l'on doit placer le poste au rez-de-chaussée, il y a intérêt à monter une antenne unifilaire en L renversé. Dans ce cas, il sera bon de surélever l'extrêmité de l'antenne, côté maison, par un petit potelet dans le genre de ceux utilisés par les compagnies d'électricité pour établir leurs lignes aériennes (fig. 36).

Il se peut que, même à la campagne, il soit difficile de trouver un terrain libre permettant la pose d'une antenne d'une cinquantaine de mètres. Dans ce cas, on pourra avoir recours aux antennes à plusieurs brins en nappe ou divergents, qui ne demandent que des espaces de 15 à 30 mètres (fig. 37).

Fig. 37. — Antenne en nappe en L renversé. C'est ce type qui est généralement adopté à bord des navires.

Fig. 38. — Antenne en prisme. Ce type d'antenne est à recommander dans les villes où l'amateur ne dispose que d'espaces réduits.

Une très bonne antenne en nappe sera constituée par quatre fils de 30

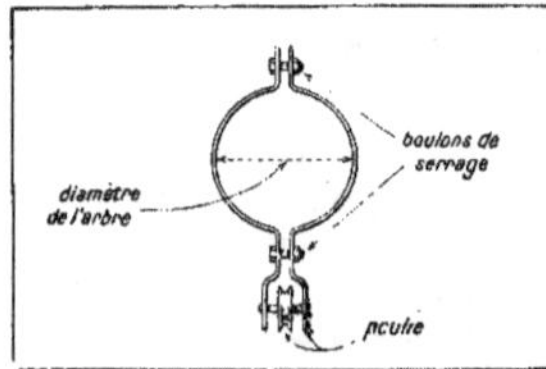

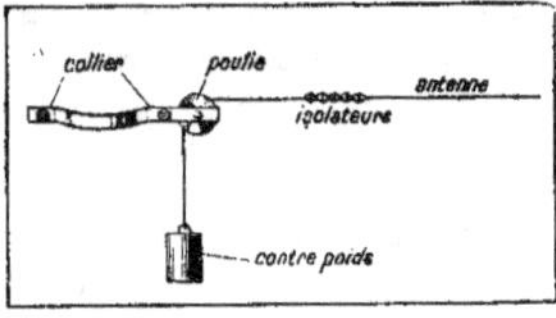

Fig. 39 et 40. — Attache d'antenne à un arbre.

mètres espacés de 1 m. 50, tendus entre deux vergues de bambou de 4 m. 50.

Lorsqu'on dispose de plusieurs arbres, etc., dans un jardin, il est très facile d'établir de belles antennes en V ou à plusieurs brins divergents.

Comment fixer une antenne entre deux arbres

Si l'antenne doit être tendue entre deux arbres, le plus élémentaire sens commun donne immédiatement à penser que ces supports sont sujets à être balancés par le vent, ce qui doit amener tour à tour une tension plus grande et une flexion de l'arbre, mouvement qui tôt ou tard, amènera la rupture du fil d'antenne. Le dispositif donné par la figure 39 va permettre de parer à cet inconvénient.

Le fil d'antenne bien isolé à l'aide d'isolateurs en porcelaine, en verre, ou en ébonite, est tendu, grâce à la tension d'un contre-poids fixé à l'extrémité du câble isolant relié aux isolateurs.

Deuxième cas : Installation d'une antenne à la ville

A la ville, la place dont dispose l'amateur est, en général, très restreinte. La longueur de l'antenne dépassera rarement vingt mètres. Les différents types d'antennes décrits pour les installations à la campagne peuvent parfaitement convenir. Les résultats sont encore très bons avec une petite antenne prismatique de douze mètres de longueur, à quatre fils tendus entre deux cerceaux d'enfant d'un diamètre aussi grand que possible.

Pour une raison ou pour une autre, il se peut qu'il soit impossible d'établir l'antenne à plus de 2 mètres au-dessur de la toiture, il est alors prudent de renoncer à son installation surtout si la toiture est en zinc comme dans beaucoup de grandes villes; les résultats seraient déplorables.

S'il existe d'un même côté de la maison, deux fenêtres éloignées l'une de l'autre d'une dizaine de mètres on peut encore monter une antenne très convenable. Il faut toutefois que ces fenêtres soient au moins au deuxième étage.

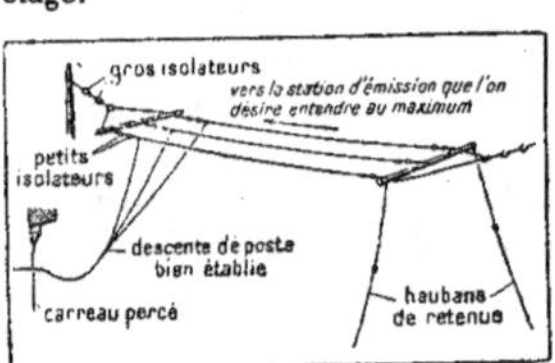

Fig. 41. — Cette figure donnera toutes les indications nécessaires pour bien monter une antenne.

Les détails de l'isolement apparaissent nettement ainsi que la disposition de la descente de poste.

Remarquez que les haubans de retenue empêchant le balancement de l'antenne sont coupés par des isolateurs.

La construction d'une telle antenne exige seulement deux bambous de deux mètres environ. Il conviendra de mettre trois brins espacés de 0 m. 25. La nappe aura 0 m. 50 de largeur. Vingt centimètres suffiront pour fixer les bambous à la maison. L'antenne, ou on placera une pipe en porcelaine; c'est dans l'intérieur de ce tube isolant que passera le fil.

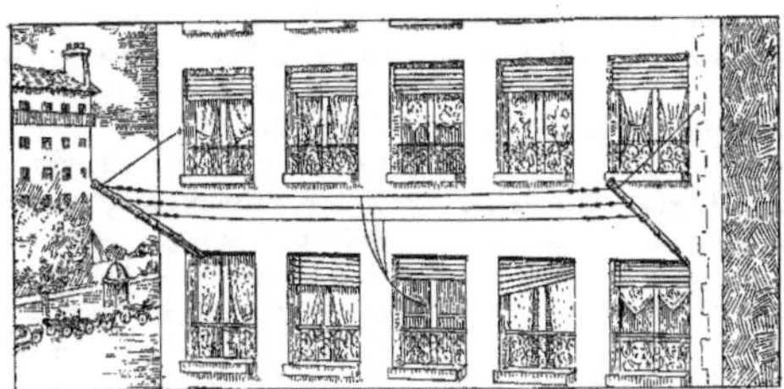

Fig. 41. — Antenne trifilaire posée devant un immeuble à 1 m. 50 du mur.

plutôt le premier brin de l'antenne, sera ainsi à plus d'un mètre des murs.

Quel fil emploierons-nous pour établir l'antenne ?

Si l'antenne dépasse pas une cinquantaine de mètres, le fil de cuivre silicieux de 12/10e de millimètres convient parfaitement. Pour les grandes longueurs, il vaut mieux employer du fil de bronze de 16/10e ou 20/10e.

L'entrée de poste

Pour passer de l'extérieur à l'intérieur de la maison le fil d'antenne aura à franchir les parois de l'habitation; là aussi son isolement doit être assuré.

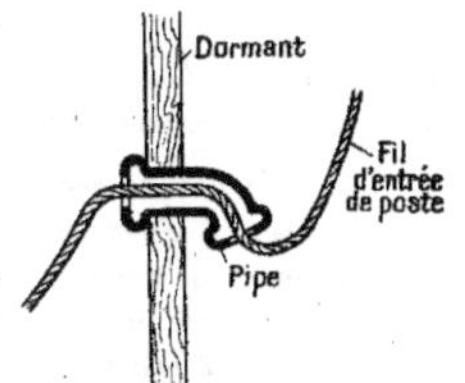

Fig. 42 — Entrée de poste.

Pour cela l'on pratiquera à travers une paroi mince (fenêtre, imposte, chambranle), une ouverture dans laquelle

Les antennes intérieures

Les antennes intérieures, quoique bien supérieures à n'importe quel cadre exigeront toujours une assez forte amplification pour que les émissions radio-téléphoniques soient entendues en haut-parleur. Il faudra toujours éviter de construire une antenne intérieure au rez-de-chaussée. La meilleure sera constituée par deux fils de 6 à 10 mètres courant le long d'un couloir à 0 m. 25 du plafond environ. S'il n'y a pas de couloir dans la maison ou que l'on ne dispose que d'une seule pièce, on pourra tendre deux fils en diagonales et faire la prise de descente de poste au point de croisement. On peut aussi installer une antenne dans un grenier à la condition que le toit ne soit pas métallique.

Les antennes de fortune

Nous allons maintenant parler des antennes de fortune, c'est la question qui intéresse le plus les amateurs qui habitent les grandes villes.

Lorsqu'on ne peut absolument pas installer une véritable antenne extérieure, il ne faut pas espérer obtenir avec une antenne intérieure avec le réseau électrique ou le réseau téléphonique, une bonne réception.

Aux environs d'un poste d'émission, on obtient généralement de très bons résultats en utilisant le réseau d'éclairage électrique comme antenne, surtout si celui-ci est aérien.

Il est *indispensable*, pour ce faire, d'utiliser un bouchon spécial appelé contient un condensateur à fort isole- généralement « Intercept », lequel ment calculé pour cet usage.

Ce bouchon est constitué par un condensateur fixe de 0,5 à 2 millièmes de microfarade qui, laissant passer les courants de haute fréquence, interdit le passage au courant du secteur. C'est ainsi qu'on évite le risque de griller les organes du poste par le courant du secteur. On trouve dans le commerce ces bouchons sous le nom de *bouchons intercepts*. Ils s'adaptent instantanément aussi bien aux prises de courant qu'aux douilles de lampes d'éclairage.

Faute de l'emploi de ce bouchon ou d'un condensateur dont l'isolement devra être vérifié, on risquerait fort

Fig. 43. — Deux types d'antennes intérieures.

de détériorer le poste de T. S. F. ou la ligne d'éclairage.

Si l'on n'a pas une bonne audition avec ce moyen, c'est que la longueur d'onde « propre » du secteur est par trop éloignée de la moyenne prévue.

On remédiera souvent à cela, quand on se sert de poste à galène fonctionnant en Tesla.

Conseils généraux concernant les antennes

L'extrémité de l'antenne d'où part la descente de poste devra être de préférence dirigée vers la station d'émission que l'on désire particulièrement entendre.

Ne craignez pas, même pour les ondes courtes, d'établir une antenne de 60 mètres (unifilaire s'entend) un condensateur variable placé en série dans l'antenne diminuer asensiblement la capacité de celle-ci.

Isolez bien les brins de votre antenne ; 5 ou 6 isolateurs à chaque extrémité ne sont pas de trop.

Si l'on fait usage d'isolateurs « *Pyrex* » (ce que nous recommandons particulièrement), un de ces isolateurs à chaque extrémité suffira.

Evitez de faire passer votre descente de poste près du mur, un minimum d'un mètre est nécessaire.

Installez vos appareils le plus près possible de l'entrée de l'antenne dans la maison, vous éviterez de nombreuses pertes.

Soignez votre descente de poste.

Il y a intérêt à réunir les fils de descente le plus près possible de l'entrée de poste.

Evitez de monter votre antenne parallèlement aux lignes télégraphiques, téléphoniques ou de transport de courant électrique sous haute tension.

Aussi anormal que cela puisse paraître, on obtient souvent de très bons résultats en se servant de la conduite du gaz comme antenne : il suffit de ment calculé pour ect usage.
peinture ou l'oxyde qui peuvent le recouvrir et en faisant à cette place un enroulement très serré de quelques tours de fil de cuivre nu, l'autre extrémité de ce fil étant reliée à la borne antenne.

Pour plus de facilité, utiliser une pince-prise sur tuyau.

Dans ce cas, la prise de terre est faite sur le tuyau d'eau.

Autres moyens

Si l'on n'a pas à sa disposition les moyens que l'on vient d'indiquer ou s'ils n'ont pas donné entière satisfaction, il y a lieu d'essayer autre chose.

Il ne faut jamais, en effet, désespérer en T. S. F., et patience et longueur de temps font plus ici, comme dit le proverbe, que force et que rage.

Nous avons reçu fort bien à Paris les P. T. T. ou le *Petit Parisien*, en nous servant, comme antenne, d'un pare-étincelles de cheminée, — d'un poêle à bois (le bout de fil relié à la borne antenne étant simplement pincé sous le couvercle de ce poêle), — d'une pendule métallique placée sur la cheminée, — d'un lit métallique ou de son sommier (à condition que les ressorts soient reliés entre eux, comme c'est souvent le cas, par une toile métallique), un piano (à condition que la table d'harmonie où sont fixées les cordes soit en métal), — d'une suspension de lampe, — d'un volet en fer, — d'une rampe (ceci ne réussit pas toujours), — au 4e étage d'un simple bout de fil de 2 m. 50 de long traînant sur le plancher ; — et même de rien du tout, le doigt légèrement mouillé et posé sur la borne antenne ou terre, le tuyau de gaz servant ce jour-là, soit de terre, soit d'antenne.

Il suffit donc ainsi qu'on vient de le voir, de faire quelques essais sur les appareils ou masses métalliques qu'on peut avoir à sa disposition pour être sûr, d'avoir un résultat satisfaisant si l'on n'est pas trop éloigné du poste émetteur.

Disons encore qu'on peut aussi relier par un fil de cuivre plusieurs de ces antennes de fortune ensemble, et par là même être susceptible d'avoir une meilleure réception.

Certains obtiennent en suivant nos conseils des résultats remarquables :

A Paris, avec le gaz comme antenne et l'eau comme terre, l'un d'eux met couramment douze écouteurs en série.

Certains autres, avec les mêmes moyens, font du petit haut-parleur dans une pièce sur les P. T. T. ou le *Petit Parisien*.

La prise de terre.

La prise de terre

La terre joue en T. S. F. un rôle très important. Malgré tout, il y a encore un grand nombre d'amateurs qui n'attachent pas une grande importance à la réalisation d'une bonne prise de terre dans leur poste de réception.

Lorsque les signaux reçus sont faibles, la syntonie inexistante, la réception instable, les stations lointaines impossibles à recevoir, neuf fois sur dix, c'est que votre prise de terre est défectueuse.

Mauvaise antenne et bonne terre ou bonne antenne et mauvaise terre

D'une série d'essais de réception très sérieux exécutés récemment en Angleterre, il ressort qu'une *mauvaise antenne avec une bonne terre* est de beaucoup préférable à une bonne antenne avec une mauvaise terre.

Installation d'une prise de terre à la campagne

1° La meilleure prise de terre sera

constituée par une « patte d'oie », formée de 6 ou 7 brins de 20 à 30 mètres de fil de cuivre de 20/10 s'épa-

Fig. 43. — Prise de terre constituée par des fils de cuivre disposés en « patte d'oie » enterrés sous l'antenne.

nouissant en éventail sous l'antenne à une profondeur d'environ 0 m. 25 dans de la terre végétale, si possible. Les cailloux et le sable sont de mauvais conducteurs et doivent être évités.

2° Quatre mètres sur deux mètres de grillage galvanisé à mailles moyen-

Fig. 44. — Prise de terre constituée par un grillage métallique enterré sous l'antenne.

nes, enterré à 0 m. 50 dans un sol humide formeront encore une excellente prise de terre. Un fil de cuivre de 20/10 soudé au grillage reliera la prise de terre aux appareils de réception.

Si le sol n'est pas de lui-même très humide, il sera bon d'arroser souvent la prise de terre.

Installation d'une prise de terre à la ville

1° Sauf dans des cas très rares, il ne peut être question d'établir en ville des prises de terre véritables.

Un gros fil de cuivre fortement enroulé, de préférence avant le compteur, sur le tuyau d'arrivée de l'eau de la ville constituera une bonne prise de terre.

Si l'on ne peut faire sa prise de terre avant le compteur, certains auteurs recommandent de relier le tuyau d'entrée à celui de sortie du compteur par un fil de cuivre, afin d'assurer la continuité métallique qui pourrait être compromise au niveau des joints.

Avant de faire la connexion, avoir soin d'enlever la couche d'oxyde de plomb qui est mauvaise conductrice en grattant le tuyau d'eau avec un vieux couteau.

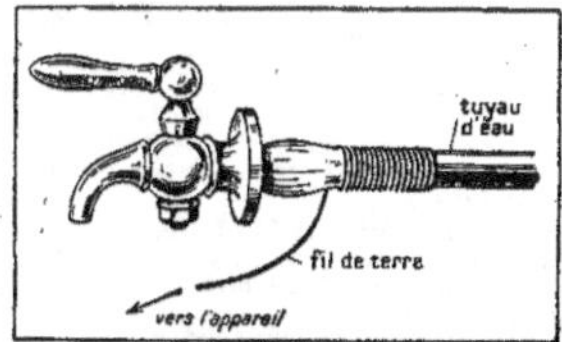

Fig. 45. — Prise de terre au niveau d'un robinet d'eau, donc après le compteur.

Un bon système de prise de terre sur la canalisation d'eau consiste à enrouler d'abord sur le tuyau de plomb, bien débarrassé d'oxyde, une dizaine de couches de papier d'étain, puis à faire par-dessus le papier d'étain avec le fil de terre débarrassé d'oxyde également, une bonne ligature *à tours nombreux et bien serrés*, que l'on protège ensuite par du ruban Chatterton, destiné à empêcher l'accès de l'humidité. Ne pas craindre de donner à la ligature une longueur de plusieurs cen-

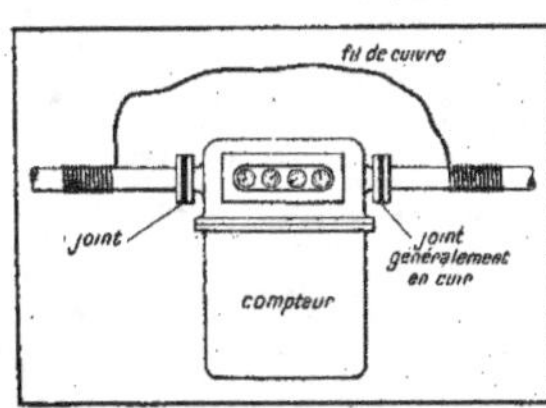

Fig. 46. — Une précaution qui peut n'être pas inutile ; le tuyau d'arrivée d'eau au compteur est relié métalliquement à celui de sortie.

timètres ; la surface de contact en sera d'autant plus grande et la prise de terre par cela même d'autant meilleure.

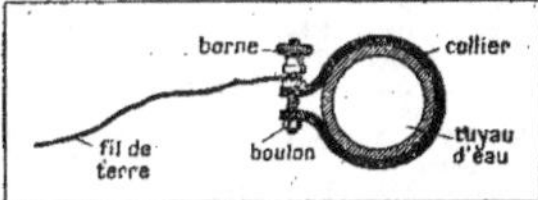

Fig. 47. — Collier de serrage.

Pour avoir un excellent contact entre le fil de terre relié au poste récepteur et la conduite d'eau, on peut également serrer cette dernière dans un collier constitué par du ruban de cuivre et une borne.

PRIX en 1928 des Accessoires nécessaires à la Construction ou à l'Installation de

POSTES à GALÈNE

Ces Prix peuvent être sujets à variation

Antenne (voir Fils d'antenne, isolateurs).
Bobine d'accord « Ondin » à deux curseurs .... 50 »
Bornes cuivre:
à vis à bois, 3 % 0.50
à vis à métaux, 3 % 0.50
— à écrous, 3 % 0.55
— à écrous, 4 % 0.80
— à vis, 4 % 0.70
Bouchon « Intercept » 10.50
Bras de détecteur:
cuivre .... 4 »
nickelé avec sa cuvette 6.50
Broches de 3 % 0.40
Broches de 4 % 0.50
Câble sous caoutchouc pour descente d'antenne, le mètre .... 1.70 et 2.10
Cartons en tube, diamètre 11 cm., longueur 25 cm. 2 50
Casques « Brunet »:
Type F à 2 écout. de 500 ohms.. 59 »
Type F à 2 écout. de 1000 ohms.. 61 »
Type F à 2 écout. de 2000 ohms.. 63 »
Chercheur maillechor 0.50
or .... 2 »
spécial **« Jackson »** 2.50
Vocalis .... 4 »
Condensateurs fixes **« Mikado »:**
de 0,05/1000 à 3/1000 mfd, la pièce 2.50
de 4/1000 .... 3 »
Condensateurs fixes **« Véritables ALTER »** de 1, 2, 3/1000, la pièce 6.50
Condensateurs variables **« L.G. »** (prix cadrans compris)
Square Law (sans vernier) 0,5/1000 35 »
Square Law (sans vernier) 1/1000 44 »
Corde goudronnée pour antenne, le m. 0.50
Curseur, pour tige 8 % .... 3 »
Détecteur à Galène cuivre:
monté sur planchette bois 7.50
non monté 3.50
Détecteur à Galène nickelé, non monté 6 50
Ecouteurs « BRUNET »:
Type F. 500 ohms avec cordon 1 mètre .... 25 »
Type F 1000 ohms avec cordon 1 mètre .... 26 .
Type F 2000 ohms avec cordon 1 mètre .... 27 »
Type D 500 ohms, avec cordon, 1 mètre .... 30 »
Type D 2000 ohms, avec cordon 1 mètre .... 33 »
Type D 4000 ohms, avec ocrdon 1 mètre .... 38 »
Entrée de poste en ébonite « DYNA » 9.50
Fil isolé sous 2 couches coton, 1 seul brin 6/10, les 500 (environ 178 m.). 23 »
le mètre 0.20

Fil isolé émail noir:
5/10. Les 500 grammes environ (approx. 285 m.), les 500 gr. .. 20 »
6/10 Les 500 grammes environ (approx. 196 m.), les 500 gr. .. 20 »
Le fil émaillé, quel que soit **son diamètre**, ne se vend pas au mètre.
Cuivre nu 12/10, pour antenne et connexions rigides (environ 99 m.) le kilog 20.50
15/10, pour antenne et connexions rigides (env. 63 m.), le kilog. 20.50
20/10, pour antenne et connexions rigides (env. 35 m.), le kilog. 20.50
12/10, le mètre 0.30
15/10, le mètre 0.45
20/10, le mètre 0.75
Fil carré pour connexions, 13/10, le rouleau de 2 mètres 1.80
Fil câble tressé étamé 16 brins, 25/1000 pour antenne, le mètre .. 0.60
Le rouleau de 50 mètres 17.50
Le rouleau de 100 mètres .... 34 »
Galène naturelle moyenne 2.50
Naturelle Y.B. grosse 3.50
Synthétique **« Gamma »** (avec un chercheur) 7 50
Synthétique **« Vésuvite »** (avec un chercheur) .... 10 »
Gaine isolante pour fil de connexions le mètre 1.75
Gomme laque, les 50 grammes ...... 5 »
Les 20 grammes .... 2 »
Inverseur antenne-terre, grand modèle, monté sur plaque de marbre avec parafoudre .... 30 »
Isolateurs « PYREX », modèle courant pour antennes de réception .... 5 »
(voir aussi maillon et œufs.)
Joue acajou vernis tampon pour bobine d'accord, rainure circulaire pour notre tube de 11 cm, la pièce 2.60

*Avec nos joues rainurées, il n'y a pas besoin de rondelles pour mettre en bout du tube ; par contre, il est bon d'utiliser une tige filetée de 4 mm. de 29 om. **de long pour** maintenir les joues serrées contre le tube (voir tige filetée).*

Maillon isolant **« VEDOVELLI »** porcelaine verte, la pièce 2.60
Forme œuf, porcelaine blanche . 0.60
Forme poulie 0.40
Mandrin pour faire soi-même les bobinages en nids d'abeilles. En latés. En fonds de panier Duolatéraux. Modèle se fixant sur une table 16.50
Membrane vibrante pour écouteur
Type pour écouteur ordinaire .... 1 »
Monture de casque nue avec bandeaux recouverts de cuir .... 11 »
Nécessaire à souder « Méta » 13.50
Pied caoutchouc, servant à isoler les socles des postes .... 0.25 et 0.50
Pipe porcelaine, petit modèle 1.50
Grand modèle 2.50
Plaques indicatrices (voir Rondelles.)
Plateau bois, acajou verni .... 9 »
Réglettes pour curseur, la pièce .... 4 »
Rondelles indicatrices en métal noir, inscription argentée.
Antenne-terre, Antenne P. O., Antenne G. O. cadre : + 4 volts ; — 4 volts — 80 volts ; + 4 — 80 volts ; Ecouteur — Ecouteur + ; Haut-Parleur ; Haut-Parleur + ; Primaire, secondaire, réaction, ampli, entrée, secteur. La pièce 0 45
Rondelles laiton, 3 %. Les 10 .... 0.50
4 %. Les 10 .... 0.75
Rondelles de réglage pour casques et écouteurs, les 3 .... 1 50
La pièce 0.50
Soudure en tube **« Soudvite »:**
Le tube N° 1 .... 3.20
Le tube N° 2 .... 6.20
Tige filetée de 4 %., long, 29 cm. munie de ses 2 boutons filetés .. 2.75
Tressantenne « Ariane »:
Intérieure 12 mètres .... 50 »
— 15 — .... 65 »
Pour l'extérieur 10 mètres ...... 70 »
— 15 — ..... 70 »
— 20 — ..... 110 »
— 30 — ..... 140 »
Tube carton 25 cm, long. diamètre 11 cm. 2.50
Vis à bois 3 mm × 15 mm tête goutte de suif, nickelée, chaque 0.20
4 mm × 30 mm fraisée cuivre, la pièce 0.30
pièce 0.20

POSTES MONTES

Poste à galène R. A.
complet avec un écouteur Brunet 70 »
complet avec un casque Brunet . 105 »
les 2 selfs pour fonctionner en Tesla .... 12 »
Poste à galène à selfs nid d'abeilles, en Tesla, le poste nu, sans les selfs .... 115 »
1 jeu de 4 selfs 64 50
Poste à galène à bobine, à 2 curseurs le poste nu .... 95 »

Postes à lampes

Poste à 1 lampe: le « Minimum »
le poste nu .... 145 »
le poste complet avec accessoires, sauf l'antenne .... 385 »
Amplificateu à une lampe, l'ampli nu 94 40

Tarif Général des meilleurs Accessoires et Pièces de T.S.F. franco sur demande

Ets RADIO-AMATEURS

46, Rue Saint-André-des-Arts - PARIS

MAISON DE CONFIANCE FONDÉE EN 1922 — **Chèques Postaux Paris 67-27**

Les MEILLEURS OUVRAGES sur la T. S. F.

LA THÉORIE DE LA T. S. F.

La T.S.F. et les phénomènes radioélectriques par Anselme 14.40
Théorie et pratique de la T.S.F., par Bérard .... 25. »
La T. S. F. expliquée, par Vallier (Nouv. édit.) 4.50
Formulaire de la T.S.F., par Malgorn .... 30. »
Les ondes courtes, par Clavier 7.20
Les lampes à plusieurs électrodes et leur application, par Groszkowski, trad. par Teyssier........ 40. »

LA T. S. F. EN 30 LEÇONS

Cours professé au Conservatoire National des Arts et Métiers

I. **Electrotechnique générale préparatoire à la T.S.F.**, par Chaumat et Lefrand .... 9. »
II. **Principes généraux de la Radiotélégraphie et applications générales**, par le Ct. Metz .... 9. »
III. **Mesures, radiogoniométrie, propagation des ondes**, par le Ct. Mesny 7.20
IV. **Les lampes à plusieurs électrodes, théorie et applications**, par R. Jouaust 7.20
V. **Radiotéléphonie et applications diverses des lampes à trois électrodes**, par M. Clavier .... 9. »
Les cinq livres réunis en un seul volume 43.20

CONSTRUCTION DES APPAREILS DE T. S. F.

Le poste de l'amateur de T.S.F., par Hémardinquer 20. »
Les montages modernes en Radiophonie, par Hémardinquer, en deux volumes; chaque volume .... 24. »
Les deux volumes reliés .... 50. »
La construction des appareils de T.S.F., par L. Michel 3.60
La réception sur galène des radio-concerts (Instruction pratique pour construire soi-même un poste à galène à peu de frais) (105e mille) 2.40
Nouveau manuel pratique de Téléphonie Sans Fil, par Branger .... 9. »
Les solutions modernes pour l'alimentation sur le secteur des postes de T. S. F., par Hémardinquer........ 15. »

MONTAGES SPECIAUX

Les montages puissants de T.S.F., par A. Boursin .... 6 »
Les lampes à deux grilles et leurs applications, par Hemardinquer .... 6. »
Le T. P. T-8., par A. Boursin .... 3. »
Mon superhétérodyne, par A. Boursin........ 4.50

La zincite et les montages cristadynes, par Pierre Lafond 1.80
Tous les montages de T.S.F., par A. Boursin .... 9. »
La superhéterodyne et la superréaction par P. Hémardinquer 21.60
La superhétérodyne; principe, invention, évolution, par De Bellescize .... 15. »

LES CAHIERS DE LA T. S. F.

Volume in-8 carré (14 x 22)

I. — **Premiers principes de T. S. F.**, par le capitaine Lagarde 7.50
II. — **Les condensateurs**, par P. Lugny 4.50
III. — **Utilisation pratique des lampes de T. S. F.**, par G. Teyssier ....
IV. — **Les lampes bigrilles**, par P. Hémardinquer........ 6. »
V. — **L'alimentation des postes sur le secteur**, par M. Chauvierre 7.50
VI. — **Les bobinages en T. S. F.**, par P. Lugny........ 4.50
VII. — **Manuel pratique de dépannage des postes de T. S. F.**, par G. Teyssier .... 6. »
VIII. — **L'émission sur ondes courtes à la portée de tous**, par P. Lugny 4.50
IX. — **Les résistances en haute et basse fréquence**,.. 4.50
X. — **Les ondemètres. — Théorie, construction et pratique**........ 4.50
XI. — **L'émission en théorie et en pratique**........ 4.50

DIVERS

Annuaire de la T. S. F......... 42. »
Le Théâtre radiophonique, par Cusy Germinet, ouvrage couronné par l'Académie Française .... 18. »
Radio por Esperantistoj (en Esperanto) .... 15. »

LES COLLECTIONS DE LA T. S. F. POUR TOUS

sous une reliure élégante

Premier volume .... 25. »
Deuxième volume .... 30. »
Troisième volume .... 30. »

PUBLICATIONS PERIODIQUES

La T. S. F. pour Tous, revue de large vulgarisation technique. Un an (12 numéros) .... 36. »
La Radio, revue de l'amateur averti. Un an (12 num.) 30. »
L'Onde Electrique, revue de documentation scientifique. Un an (12 numéros) .... 35. »

Étienne CHIRON, Éditeur, 40, Rue de Seine — PARIS (VI°)

www.ingramcontent.com/pod-product-compliance
Lightning Source LLC
LaVergne TN
LVHW050504160826
845677LV00003B/923

* 9 7 8 2 3 2 9 6 4 6 1 3 8 *